초판 인쇄일 2015년 11월 30일
초판 발행일 2015년 12월 7일

지은이 Fortin English LAB
발행인 박정모
등록번호 제9-295호
발행처 도서출판 혜지원
주소 (10881) 경기도 파주시 회동길 445-4(문발동 638) 302호
전화 031) 955-9221~5 팩스 031) 955-9220
홈페이지 www.hyejiwon.co.kr

기획·진행 김형진
디자인 김희진
영업마케팅 김남권, 황대일, 서지영
ISBN 978-89-8379-874-9
정가 11,000원

Copyright ⓒ 2015 by Fortin English LAB All rights reserved.

No Part of this book may be reproduced or transmitted in any form,
by any means without the prior written permission on the publisher.

이 책은 저작권법에 의해 보호를 받는 저작물이므로 어떠한 형태의 무단 전재나 복제도 금합니다.
본문 중에 인용한 제품명은 각 개발사의 등록상표이며, 특허법과 저작권법 등에 의해 보호를 받고 있습니다.

이 도서의 국립중앙도서관 출판시도서목록(CIP)은 서지정보유통지원시스템 홈페이지(http://seoji.nl.go.kr)와 국가
자료공동목록시스템(http://www.nl.go.kr/kolisnet)에서 이용하실 수 있습니다.(CIP제어번호 : CIP2015028559)

영어가 톡 튀어나오는 영어회화

Fortin English LAB 지음

혜지원

머리말

영어시험 성적 ≠ 영어회화 실력

한국의 대학생들은 취업을 위해 스펙 쌓기에 열정을 바치고 회사원들은 승진을 위해 능력 쌓기에 여념이 없습니다. 그 스펙과 능력의 우선 순위 중 하나가 바로 영어 실력이죠. 우리는 영어 실력을 갖추기 위해 학원에 다니고, 함께 스터디를 하고 어학연수도 다녀옵니다. 그렇게 하면서 토익, 토플, 오픽이나 토익스피킹 등의 영어시험을 봅니다. 하지만 그 점수와 실생활에서의 말하기 실력이 정비례하나요? 그나마 어학연수를 다녀온 사람들이라면 영어회화에 자신감 내지는 기본적인 감은 있겠지만 그렇지 않은 사람들은 '연습'만이 살길입니다.

영어회화에 자신감을 키우고 감을 잡는 연습

『톡튀 영어회화』는 여러분을 살길로 인도하는 독특한 연습 과정을 제시하는 책입니다. 그 중 첫째는 반복 연습입니다. 무조건 반복은 아니에요. 『톡튀 영어회화』에서는 기본 시제(과거, 현재, 미래)와 인칭별 구성으로 최소 세 번에서 여섯 번까지 같은 구조를 반복해서 말하도록 구성이 되어 있습니다. 각 인칭별로 과거, 현재, 미래의 말들이 순간적으로 톡 튀어나오도록 연습하다 보면 어느새 자신감이 생기는 자신을 발견하게 될 거예요.

PREFACE

둘째는 삼단 톡튀 연습입니다. 문장의 앞부분인 1단은 무조건 외워야 합니다. 외우기 싫죠? 하지만 걱정 마세요. 과거, 현재, 미래로 말하다 보면 그냥 외워질 거예요. 중간과 뒷부분인 2단과 3단은 순발력을 요구합니다. 제시된 한글을 보고 영단어가 바로 톡 튀어나오도록 해보세요. 그러다 보면 영어 문장 구조에 대한 감이 잡히기 시작할 거예요.

영어 지식 넓히기

영어는 아는 만큼 말할 수 있습니다. 언어의 살이 되는 단어는 꾸준히 외우세요. 언어의 뼈가 되는 문법은 틈틈이 공부하세요. 그리고 '말하기가 톡튀'와 '아는 척 톡튀'를 통해 해당 Unit의 주제에 대한 깨알 같은 영어팁을 익혀 두고 적절히 활용해보세요.

스펙을 쌓든 능력을 쌓든 진정한 영어 말하기 실력을 쌓는 것이 중요합니다. 그 시작을 『톡튀 영어회화』와 함께 해보세요.
그리고 가장 중요한 팁 한 가지! 꼭 입을 열어 본인의 귀에 들리도록 연습하셔야 합니다.

Fortin English Lab

책의 구성

STEP 1 말해보기

본격적인 학습에 앞서 한글 뜻을 보고 문장을 만들어 빈칸에 적어봅니다.

STEP 2 훑어보기

시제와 주어에 따라 동사가 어떻게 변하는지 잘 보고 원어민 발음으로 녹음한 음원을 들어봅니다.

단어가 톡톡

해당 Unit을 학습하는 데 필요한 단어입니다. 학습 전에 단어를 익히고 [STEP 1 말해보기]를 시작하세요.

말하기가 톡톡

말하기에 도움이 되도록 앞에 등장한 문장과 관련된 표현이나 문법을 알기쉽게 정리했습니다.

HOW TO USE THIS BOOK

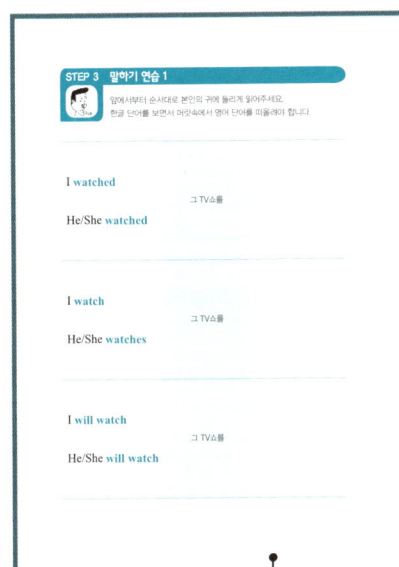

STEP 3 말하기 연습 1, 2

문장의 일부분만 보고 그 다음은 제시된 한글 뜻을 보며 기억을 더듬어 문장을 완성해봅니다. 앞에서부터 본인의 귀에 들릴 정도로 큰 소리로 말하며 학습하세요.

STEP 3 말하기 연습 3

완성된 문장을 큰 소리로 읽으며 입에 익을 때까지 말해보는 코너입니다. 원어민 발음의 음원을 들으며 큰 소리로 따라해 보세요.

STEP 4 실전 말하기

한글 해석만 보고 영어 문장 전체를 만들어 말해봅니다. 누가 무엇을 하는지(주어+동사)가 순간 입에서 톡 튀어나와야 합니다. 한글 문장을 하나씩 확인 후, 보지 말고 머릿속에서 영어로 말해보세요. 다 말한 후에는 음원을 듣고 확인하세요.

아는 척 톡튀

유용한 표현이나 영어상식, 문화상식 등 간단하고 재미있는 팁을 실었습니다.

목차

Chapter 01   일상에서 톡튀

Unit 01	일과	I **watch** the TV show every afternoon.	14
Unit 02	음식	I **eat** Mexican food on weekends.	20
Unit 03	쇼핑	I **buy** a gift for my mom's birthday.	26
Unit 04	교통	I **take** the subway to work.	32
Unit 05	날씨	It **rains** a lot in July.	38

Chapter 02   감정이 톡튀

Unit 01	선호	I **like** jazz more than pop music.	46
Unit 02	걱정	I **am worried** about the exam.	52
Unit 03	기분	I **feel like** eating fried chicken.	58
Unit 04	희망	I **hope** you have a great time.	64
Unit 05	부러움	I **envy** you buying a new car.	70

Chapter 03   휴대폰에서 톡튀

Unit 01	전화	I **call** you many times.	78
Unit 02	문자	I **text** you all the time.	84
Unit 03	인터넷	I **search for** information on the Internet.	90
Unit 04	SNS	I **post** a comment on my blog.	96
Unit 05	배터리	My phone **runs out of** battery fast.	102

Chapter 04 개인사에서 톡튀

Unit 01 취미	I **love** going to the movies.	110
Unit 02 사교	I **drink** coffee with her.	116
Unit 03 학업	I **study** to get a good score on the test.	122
Unit 04 건강	I **catch** a cold easily.	128
Unit 05 사고	You **break** your arm snowboarding.	134

Chapter 05 생각하며 톡튀

Unit 01 생각	You **think** this jacket is expensive.	142
Unit 02 감각	The food **smells** really delicious.	148
Unit 03 표정	You **look** a little tired.	154
Unit 04 기억	I **remember** my mom's birthday.	160
Unit 05 믿음	I **believe** it is true.	166

Chapter 06 사회에서 톡튀

Unit 01 직업	I **work** in marketing.	174
Unit 02 근무	I **finish** work at 6.	180
Unit 03 수입	I **make** about $4,000 a month.	186
Unit 04 도움	I **help** him prepare the presentations.	192
Unit 05 마감	You **need** to fix the computer by tomorrow.	198

CONTENTS

Chapter 07 의사표시로 톡튀

Unit 01	부탁	I **ask** the man to take a photo.	206
Unit 02	거절	I **refuse** to accept the man's offer.	212
Unit 03	동의	I **agree** with you on this point.	218
Unit 04	허락	I **let** her travel alone.	224
Unit 05	제안	I **suggest** we go for a walk.	230

Chapter 08 여행하며 톡튀

Unit 01	환전하기	Can you **exchange** dollars for pounds?	238
Unit 02	기념품 사기	Do you **have** a smaller one?	244
Unit 03	길묻기	Do you **know** where the bus stop is?	250
Unit 04	교통편 묻기	Does this train **go** to 42nd Street?	256
Unit 05	표 구입하기	Can I **get** tickets for two adults and one child?	262

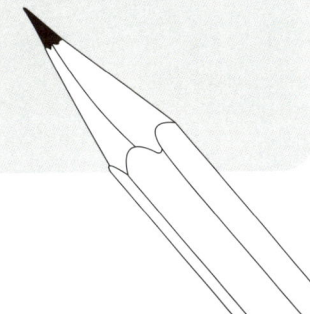

Chapter 01 일상에서 톡튀

Unit 01. 일과   I **watch** the TV show every afternoon.
Unit 02. 음식   I **eat** Mexican food on weekends.
Unit 03. 쇼핑   I **buy** a gift for my mom's birthday.
Unit 04. 교통   I **take** the subway to work.
Unit 05. 날씨   It **rains** a lot in July.

Unit 01 시청하다 watch

입에서 톡 튀어나오는
첫 번째 단어

STEP 1 말해보기

아래 '단어가 톡튀'의 단어를 보고 학습하기 전에 한 번 말해보세요.

❶ 나는 아침에 그 TV쇼를 **봤어.**

❷ 나는 오후마다 그 TV쇼를 **봐.**

❸ 나는 저녁에 그 TV쇼를 **볼 거야.**

단어가 톡튀

아침에	in the morning
오후마다	every afternoon
저녁에	in the evening
TV쇼	TV show (드라마나 연예 프로그램)
시청하다	watch (watched-watch-will watch)

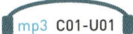

STEP 2 훑어보기

시제와 주어에 따라 동사의 형태가 어떻게 바뀌는지 잘 보세요.

I **watched**   the TV show   in the morning.

He/She **watched**   the TV show   in the morning.

나는 아침에 그 TV쇼를 **봤어.**
그는/그녀는 아침에 그 TV쇼를 **봤어.**

I **watch**   the TV show   every afternoon.

He/She **watches**   the TV show   every afternoon.

나는 오후마다 그 TV쇼를 **봐.**
그는/그녀는 오후마다 그 TV쇼를 **봐.**

I **will watch**   the TV show   in the evening.

He/She **will watch**   the TV show   in the evening.

나는 저녁에 그 TV쇼를 **볼 거야.**
그는/그녀는 저녁에 그 TV쇼를 **볼 거야.**

말하기가 톡튀

watch는 쉬운 단어이지만 발음에 유의해야 해요. 끝음은 조용히 하라고 할 때 '쉬'라고 하는 것처럼 성대가 울리지 않게 '취'라고 발음 한다는 것 알아두세요. 끝음이 '취이'가 되지 않도록 주의하세요.

STEP 3 말하기 연습 1

앞에서부터 순서대로 본인의 귀에 들리게 읽어주세요.
한글 단어를 보면서 머릿속에서 영어 단어를 떠올려야 합니다.

I **watched**

그 TV쇼를

He/She **watched**

I **watch**

그 TV쇼를

He/She **watches**

I **will watch**

그 TV쇼를

He/She **will watch**

STEP 3　말하기 연습 2

앞에서부터 순서대로 본인의 귀에 들리게 읽어주세요.
한글 단어를 보면서 머릿속에서 영어 단어를 떠올려야 합니다.

I **watched**　　　the TV show

　　　　　　　　　　　　　　　아침에

He/She **watched**　the TV show

I **watch**　　　　the TV show

　　　　　　　　　　　　　　　오후마다

He/She **watches**　the TV show

I **will watch**　　the TV show

　　　　　　　　　　　　　　　저녁에

He/She **will watch**　the TV show

STEP 3 말하기 연습 3

앞에서부터 순서대로 본인의 귀에 들리게 읽어주세요.
입에 익을 때까지 말해보세요.

I **watched**	the TV show	in the morning.
He/She **watched**	the TV show	in the morning.
I **watch**	the TV show	every afternoon.
He/She **watches**	the TV show	every afternoon.
I **will watch**	the TV show	in the evening.
He/She **will watch**	the TV show	in the evening.

STEP 4 실전 말하기

누가 무엇을 하는지(주어+동사)가 순간 톡 튀어나와야 합니다.
아래 한글 문장을 하나씩 확인 후, 보지 말고 머릿속에서 영어로 말해보세요.

나는 아침에 그 TV쇼를 **봤어**.

그는/그녀는 아침에 그 TV쇼를 **봤어**.

나는 오후마다 그 TV쇼를 **봐**.

그는/그녀는 오후마다 그 TV쇼를 **봐**.

나는 저녁에 그 TV쇼를 **볼 거야**.

그는/그녀는 저녁에 그 TV쇼를 **볼 거야**.

아는 척 톡튀

TV show는 통상 TV에서 방영하는 모든 장르의 프로그램을 말해요. 그 중에서 드라마 시리즈 한 회에 해당하는 것은 episode라고 하고, 마지막 회인 최종회는 finale라고 해요.

Unit 02 먹다 eat

입에서 톡 튀어나오는
두 번째 단어

STEP 1 말해보기

 아래 '단어가 톡튀'의 단어를 보고 학습하기 전에 한 번 말해보세요.

❶ 나는 지난주에 멕시코 음식을 **먹었어.**

❷ 나는 주말마다 멕시코 음식을 **먹어.**

❸ 나는 다음 주에 멕시코 음식을 **먹을 거야.**

단어가 톡튀

지난주	last weekend
주말마다	on weekends
다음 주	next weekend
멕시코 음식	Mexican food
먹다	eat (=have) (ate-eat-will eat)

STEP 2 훑어보기

시제와 주어에 따라 동사의 형태가 어떻게 바뀌는지 잘 보세요.

I **ate**   Mexican food   last weekend.
He/She **ate**   Mexican food   last weekend.

나는 지난주에 멕시코 음식을 **먹었어**.
그/그녀는 지난주에 멕시코 음식을 **먹었어**.

I **eat**   Mexican food   on weekends.
He/She **eats**   Mexican food   on weekends.

나는 주말마다 멕시코 음식을 **먹어**.
그/그녀는 주말마다 멕시코 음식을 **먹어**.

I **will eat**   Mexican food   next weekend.
He/She **will eat** Mexican food   next weekend.

나는 다음 주에 멕시코 음식을 **먹을 거야**.
그/그녀는 다음 주에 멕시코 음식을 **먹을 거야**.

말하기가 톡튀

have를 '먹다'라는 의미로 사용해서 I **had** pizza for lunch. '난 점심으로 피자를 먹었어.'라고 해도 돼요.

STEP 3   말하기 연습 1

앞에서부터 순서대로 본인의 귀에 들리게 읽어주세요.
한글 단어를 보면서 머릿속에서 영어 단어를 떠올려야 합니다.

I **ate**

　　　　　　　　멕시코 음식을

He/She **ate**

I **eat**

　　　　　　　　멕시코 음식을

He/She **eats**

I **will eat**

　　　　　　　　멕시코 음식을

He/She **will eat**

STEP 3 말하기 연습 2

앞에서부터 순서대로 본인의 귀에 들리게 읽어주세요.
한글 단어를 보면서 머릿속에서 영어 단어를 떠올려야 합니다.

I **ate**　　　　　Mexican food

　　　　　　　　　　　　　　　지난주에

He/She **ate**　　Mexican food

I **eat**　　　　　Mexican food

　　　　　　　　　　　　　　　주말마다

He/She **eats**　 Mexican food

I **will eat**　　　Mexican food

　　　　　　　　　　　　　　　다음 주에

He/She **will eat**　Mexican food

STEP 3　말하기 연습 3

앞에서부터 순서대로 본인의 귀에 들리게 읽어주세요.
입에 익을 때까지 말해보세요.

| I **ate** | Mexican food | last weekend. |
| He/She **ate** | Mexican food | last weekend. |

| I **eat** | Mexican food | on weekends. |
| He/She **eats** | Mexican food | on weekends. |

| I **will eat** | Mexican food | next weekend. |
| He/She **will eat** | Mexican food | next weekend. |

STEP 4   실전 말하기

누가 무엇을 하는지(주어+동사)가 순간 톡 튀어나와야 합니다.
아래 한글 문장을 하나씩 확인 후, 보지 말고 머릿속에서 영어로 말해보세요.

나는 지난주에 멕시코 음식을 **먹었어.**

그/그녀는 지난주에 멕시코 음식을 **먹었어.**

나는 주말마다 멕시코 음식을 **먹어.**

그/그녀는 주말마다 멕시코 음식을 **먹어.**

나는 다음 주에 멕시코 음식을 **먹을 거야.**

그/그녀는 다음 주에 멕시코 음식을 **먹을 거야.**

아는 척 톡튀

요즘 주말엔 외식을 많이 하죠. '외식하다'는 eat out이라고 말해요. 그래서 I eat out on weekends.는 '나는 주말마다 외식을 해.'라는 말이에요. 식당에 가서 메뉴를 본 후 뭘 먹을지 정했으면 종업원을 부르겠죠. '주문할게요.'란 말을 하려면 I'm ready to order.라고 하면 됩니다. 자, 그럼, Good appetite. [굳 **애**피타잍] '맛있게 드세요~'

Chapter 01. 일상에서 톡튀   25

입에서 톡 튀어나오는
세 번째 단어

Unit 03 사다 buy

STEP 1 말해보기

아래 '단어가 톡튀'의 단어를 보고 학습하기 전에 한 번 말해보세요.

❶ 나는 엄마 생신 때 드릴 선물을 **샀어.**

❷ 나는 엄마 생신 때 드릴 선물을 **사.**

❸ 나는 엄마 생신 때 드릴 선물을 **살 거야.**

단어가 톡튀

엄마 생신	mom's birthday
선물	gift
사다	buy (bought-buy-will buy)

STEP 2 훑어보기

시제와 주어에 따라 동사의 형태가 어떻게 바뀌는지 잘 보세요.

I **bought**　　　　a gift　　for my mom's birthday.

He/She **bought**　　a gift　　for his/her mom's birthday.

나는 엄마 생신 때 드릴 선물을 **샀어**.
그/그녀는 엄마 생신 때 드릴 선물을 **샀어**.

I **buy**　　　　　a gift　　for my mom's birthday.

He/She **buys**　　　a gift　　for his/her mom's birthday.

나는 엄마 생신 때 드릴 선물을 **사**.
그/그녀 엄마 생신 때 드릴 선물을 **사**.

I **will buy**　　　a gift　　for my mom's birthday.

He/She **will buy**　a gift　　for his/her mom's birthday.

나는 엄마 생신 때 드릴 선물을 **살 거야**.
그/그녀는 엄마 생신 때 드릴 선물을 **살 거야**.

말하기가 톡튀

'난 엄마에게 선물을 사드렸어.'라고 간단하게 말한다면 I bought my mom a gift. 라고 하면 돼요.

Chapter 01. 일상에서 톡튀　27

STEP 3　말하기 연습 1

앞에서부터 순서대로 본인의 귀에 들리게 읽어주세요.
한글 단어를 보면서 머릿속에서 영어 단어를 떠올려야 합니다.

I **bought**

　　　　　　선물을

He/She **bought**

I **buy**

　　　　　　선물을

He/She **buys**

I **will buy**

　　　　　　선물을

He/She **will buy**

STEP 3 말하기 연습 2

앞에서부터 순서대로 본인의 귀에 들리게 읽어주세요.
한글 단어를 보면서 머릿속에서 영어 단어를 떠올려야 합니다.

I **bought**　　　a gift

　　　　　　　　　　　　　　엄마 생신 때 드릴

He/She **bought**　a gift

I **buy**　　　　a gift

　　　　　　　　　　　　　　엄마 생신 때 드릴

He/She **buys**　a gift

I **will buy**　　a gift

　　　　　　　　　　　　　　엄마 생신 때 드릴

He/She **will buy**　a gift

STEP 3 말하기 연습 3

앞에서부터 순서대로 본인의 귀에 들리게 읽어주세요.
입에 익을 때까지 말해보세요.

| I **bought** | a gift | for my mom's birthday. |
| He/She **bought** | a gift | for his/her mom's birthday. |

| I **buy** | a gift | for my mom's birthday. |
| He/She **buys** | a gift | for his/her mom's birthday. |

| I **will buy** | a gift | for my mom's birthday. |
| He/She **will buy** | a gift | for his/her mom's birthday. |

STEP 4 실전 말하기

누가 무엇을 하는지(주어+동사)가 순간 톡 튀어나와야 합니다.
아래 한글 문장을 하나씩 확인 후, 보지 말고 머릿속에서 영어로 말해보세요.

나는 엄마 생신 때 드릴 선물을 **샀어**.

그/그녀는 엄마 생신 때 드릴 선물을 **샀어**.

나는 엄마 생신 때 드릴 선물을 **사**.

그/그녀는 엄마 생신 때 드릴 선물을 **사**.

나는 엄마 생신 때 드릴 선물을 **살 거야**.

그/그녀는 엄마 생신 때 드릴 선물을 **살 거야**.

아는 척 톡튀

물건을 살 때 주로 현금과 신용카드 두 가지로 사용하죠. 현금으로 지불했다고 하면 I paid in cash., 카드로 지불했다고 하면 I paid by credit card.라고 하면 됩니다. 어떤 지불 방식이냐에 따라 in과 by처럼 다른 전치사가 사용되니 구별해서 알아두세요.

Unit 04 타다 take

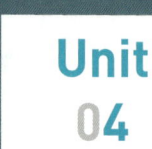

입에서 톡 튀어나오는
네 번째 단어

STEP 1 말해보기

아래 '단어가 톡튀'의 단어를 보고 학습하기 전에 한 번 말해보세요.

❶ 나는 회사 갈 때 지하철을 **탔어**.

❷ 나는 회사 갈 때 지하철을 **타**.

❸ 나는 회사 갈 때 지하철을 **탈 거야**.

단어가 톡튀

지하철	subway
~을 타다	take (took-take-will take)
	e.g. take a bus 버스를 타다

STEP 2 훑어보기

시제와 주어에 따라 동사의 형태가 어떻게 바뀌는지 잘 보세요.

I **took**   the subway   to work.

He/She **took**   the subway   to work.

나는 회사 갈 때 지하철을 **탔어**.
그/그녀는 회사 갈 때 지하철을 **탔어**.

I **take**   the subway   to work.

He/She **takes**   the subway   to work.

나는 회사 갈 때 지하철을 **타**.
그/그녀는 회사 갈 때 지하철을 **타**.

I **will take**   the subway   to work.

He/She **will take**   the subway   to work.

나는 회사 갈 때 지하철을 **탈 거야**.
그/그녀는 회사 갈 때 지하철을 **탈 거야**.

말하기가 톡튀

work는 '직장'이라는 뜻이어서 to work라고 하면 '직장에, 직장으로'라는 의미예요. 그래서 '학교에'는 to school이라고 하면 돼요. 그럼 '학교에 지하철을 타고 가다'는 뭐라고 할까요?
바로 take the subway to school이라고 하면 돼요.

STEP 3 말하기 연습 1

앞에서부터 순서대로 본인의 귀에 들리게 읽어주세요.
한글 단어를 보면서 머릿속에서 영어 단어를 떠올려야 합니다.

I took

　　　　　　　지하철을

He/She took

I take

　　　　　　　지하철을

He/She takes

I will take

　　　　　　　지하철을

He/She will take

STEP 3 말하기 연습 2

앞에서부터 순서대로 본인의 귀에 들리게 읽어주세요.
한글 단어를 보면서 머릿속에서 영어 단어를 떠올려야 합니다.

I **took**　　　　the subway

　　　　　　　　　　　　　회사 갈 때

He/She **took**　　the subway

I **take**　　　　the subway

　　　　　　　　　　　　　회사 갈 때

He/She **takes**　　the subway

I **will take**　　the subway

　　　　　　　　　　　　　회사 갈 때

He/She **will take**　　the subway

STEP 3 말하기 연습 3

앞에서부터 순서대로 본인의 귀에 들리게 읽어주세요.
입에 익을 때까지 말해보세요.

| I **took** | the subway | to work. |
| He/She **took** | the subway | to work. |

| I **take** | the subway | to work. |
| He/She **takes** | the subway | to work. |

| I **will take** | the subway | to work. |
| He/She **will take** | the subway | to work. |

STEP 4   실전 말하기

누가 무엇을 하는지(주어+동사)가 순간 톡 튀어나와야 합니다.
아래 한글 문장을 하나씩 확인 후, 보지 말고 머릿속에서 영어로 말해보세요.

나는 회사 갈 때 지하철을 **탔어**.

그/그녀는 회사 갈 때 지하철을 **탔어**.

나는 회사 갈 때 지하철을 **타**.

그/그녀는 회사 갈 때 지하철을 **타**.

나는 회사 갈 때 지하철을 **탈 거야**.

그/그녀는 회사 갈 때 지하철을 **탈 거야**.

아는 척 톡튀

지하철 정차역 안내 방송을 할 때 영어로 뭐라고 하는지 알아볼까요?

- This stop is Seoul Station. 이번 정차역은 서울역입니다.
- The next stop is Gangnam. 다음 정차역은 강남입니다.
- The doors are on your right. 내리실 문은 오른쪽입니다.
- You can transfer to Line number four. 4호선으로 갈아타실 수 있습니다.

Unit 05 비가 오다 rain

입에서 톡 튀어나오는
다섯 번째 단어

STEP 1 말해보기

 아래 '단어가 톡튀'의 단어를 보고 학습하기 전에 한 번 말해보세요.

❶ 어제 **비가** 많이 **왔어**.

❷ 7월에 **비가** 많이 **와**.

❸ 내일 **비가** 많이 **올 거야**.

단어가 톡튀

어제	yesterday
7월에	in July
내일	tomorrow
비가 오다	rain (rained-rain-will rain)

38 영어가 **톡 튀어나오는 영어회화**

STEP 2　훑어보기

시제와 주어에 따라 동사의 형태가 어떻게 바뀌는지 잘 보세요.

It rained　　　　a lot　　　yesterday.

어제 **비가** 많이 **왔어.**

It rains　　　　a lot　　　in July.

7월에 **비가** 많이 **와.**

It will rain　　　a lot　　　tomorrow.

내일 **비가** 많이 **올 거야.**

말하기가 톡튀

'날씨가 어때?'라고 물으려면 How's the weather?라고 하면 돼요. 지금 비가 오고 있다면 It is raining now., 화창하다면 It's sunny now.라고 하면 되죠. 그럼 지금 눈이 온다고 할 때는 뭐라고 할까요? snow를 동사로 써서 It is snowing now.라고 하면 돼요.

STEP 3 말하기 연습 1

앞에서부터 순서대로 본인의 귀에 들리게 읽어주세요.
한글 단어를 보면서 머릿속에서 영어 단어를 떠올려야 합니다.

It rained   많이

It rains   많이

It will rain   많이

STEP 3 말하기 연습 2

앞에서부터 순서대로 본인의 귀에 들리게 읽어주세요.
한글 단어를 보면서 머릿속에서 영어 단어를 떠올려야 합니다.

It **rained**   a lot   어제

It **rains**   a lot   7월에

It **will rain**   a lot   내일

STEP 3 말하기 연습 3

앞에서부터 순서대로 본인의 귀에 들리게 읽어주세요.
입에 익을 때까지 말해보세요.

It **rained**　　　　a lot　　　　yesterday.

It **rains**　　　　a lot　　　　in July.

It **will rain**　　　　a lot　　　　tomorrow.

STEP 4　실전 말하기

누가 무엇을 하는지(주어+동사)가 순간 톡 튀어나와야 합니다.
아래 한글 문장을 하나씩 확인 후, 보지 말고 머릿속에서 영어로 말해보세요.

어제 **비가** 많이 **왔어.**

7월에 **비가** 많이 **와.**

내일 **비가** 많이 **올 거야.**

아는 척 톡퀴

우리나라는 여름철에 장마가 있고 태풍이 많이 발생하죠. 영어로는 뭐라고 할까요? 장마는 monsoon, 태풍은 typoon이라고 해요. 그럼 황순원의 소설 제목인 '소나기'를 영어로는요?
네, shower라고 하죠. 소설 속 주인공들이 빗줄기를 맞는 것처럼 샤워할 때 물줄기를 맞는 것을 생각하면 쉽게 떠오르겠죠?

Chapter 02 감정이 톡튀

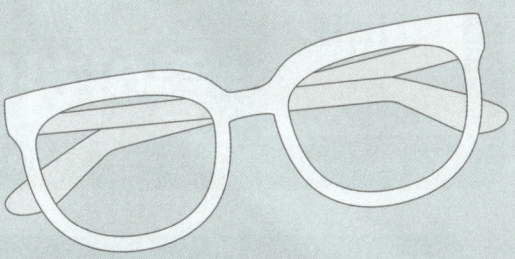

Unit 01. 선호	I **like** jazz more than pop music.
Unit 02. 걱정	I **am worried** about the exam.
Unit 03. 기분	I **feel like** eating fried chicken.
Unit 04. 희망	I **hope** you have a great time.
Unit 05. 부러움	I **envy** you buying a new car.

Unit 01 좋아하다 like

입에서 톡 튀어나오는
여섯 번째 단어

STEP 1 말해보기

 아래 '단어가 톡튀'의 단어를 보고 학습하기 전에 한 번 말해보세요.

❶ 너는 팝 음악보다 재즈를 더 **좋아했어**.

❷ 너는 팝 음악보다 재즈를 더 **좋아해**.

❸ 너는 팝 음악보다 재즈를 더 **좋아할 거야**.

단어가 톡튀

팝 음악	pop music
재즈	jazz
~보다 더 많이	more than
좋아하다	like (liked-like-will like)

STEP 2 훑어보기

시제와 주어에 따라 동사의 형태가 어떻게 바뀌는지 잘 보세요.

You **liked** jazz more than pop music.

He/She **liked** jazz more than pop music.

너는 팝 음악보다 재즈를 더 **좋아했어**.
그는/그녀는 팝 음악보다 재즈를 더 **좋아했어**.

You **like** jazz more than pop music.

He/She **likes** jazz more than pop music.

너는 팝 음악보다 재즈를 더 **좋아해**.
그는/그녀는 팝 음악보다 재즈를 더 **좋아해**.

You **will like** jazz more than pop music.

He/She **will like** jazz more than pop music.

너는 팝 음악보다 재즈를 더 **좋아할 거야**.
그는/그녀는 팝 음악보다 재즈를 더 **좋아할 거야**.

말하기가 톡튀

'난 이쪽 게 더 좋아.'라고 말하려면 I like this one better.라고 하면 돼요. 저쪽 것이 더 좋다면 this one 대신 that one을 넣으면 되겠죠. 한 번 말해볼까요? I like that one better.처럼요.

STEP 3 말하기 연습 1

앞에서부터 순서대로 본인의 귀에 들리게 읽어주세요.
한글 단어를 보면서 머릿속에서 영어 단어를 떠올려야 합니다.

You **liked**

　　　　　　재즈를

He/She **liked**

You **like**

　　　　　　재즈를

He/She **likes**

You **will like**

　　　　　　재즈를

He/She **will like**

STEP 3　말하기 연습 2

앞에서부터 순서대로 본인의 귀에 들리게 읽어주세요.
한글 단어를 보면서 머릿속에서 영어 단어를 떠올려야 합니다.

You **liked**　　　jazz

　　　　　　　　　　　　　　팝 음악보다 더

He/She **liked**　　jazz

You **like**　　　　jazz

　　　　　　　　　　　　　　팝 음악보다 더

He/She **likes**　　jazz

You **will like**　　jazz

　　　　　　　　　　　　　　팝 음악보다 더

He/She **will like**　jazz

STEP 3 말하기 연습 3

앞에서부터 순서대로 본인의 귀에 들리게 읽어주세요.
입에 익을 때까지 말해보세요.

You **liked**　　　jazz　　　more than pop music.

He/She **liked**　　　jazz　　　more than pop music.

You **like**　　　jazz　　　more than pop music.

He/She **likes**　　　jazz　　　more than pop music.

You **will like**　　　jazz　　　more than pop music.

He/She **will like**　　　jazz　　　more than pop music.

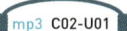

STEP 4　실전 말하기

누가 무엇을 하는지(주어+동사)가 순간 톡 튀어나와야 합니다.
아래 한글 문장을 하나씩 확인 후, 보지 말고 머릿속에서 영어로 말해보세요.

너는 팝 음악보다 재즈를 더 **좋아했어**.

그는/그녀는 팝 음악보다 재즈를 더 **좋아했어**.

너는 팝 음악보다 재즈를 더 **좋아해**.

그는/그녀는 팝 음악보다 재즈를 더 **좋아해**.

너는 팝 음악보다 재즈를 더 **좋아할 거야**.

그는/그녀는 팝 음악보다 재즈를 더 **좋아할 거야**.

아는 척 톡튀

pop, jazz, rock, rap 등 노래에는 많은 장르가 있죠. 그 중 클래식 음악은 classic music이 아니라 classical music이라고 해요. 노래의 가사는 lyrics라고 하는데요, 1절은 1st verse, 2절은 2nd verse… 이렇게 나가고요. 여러번 반복되는 후렴은 refrain이라고 해요.

Unit 02 걱정하다 worry

입에서 톡 튀어나오는
일곱 번째 단어

STEP 1 말해보기

아래 '단어가 톡튀'의 단어를 보고 학습하기 전에 한 번 말해보세요.

❶ 나는 그 시험이 **걱정됐어.**

❷ 나는 그 시험이 **걱정돼.**

❸ 나는 그 시험이 **걱정될 거야.**

단어가 톡튀

시험	exam
걱정하다	worry (was-am/is/are worried-will be worried)
~에 대해 걱정하다	be worried about

STEP 2　훑어보기

시제와 주어에 따라 동사의 형태가 어떻게 바뀌는지 잘 보세요.

I **was worried**　　　　about　　　the exam.

He/She **was worried**　　about　　　the exam.

나는 그 시험이 **걱정됐어**.
그는/그녀는 그 시험이 **걱정됐어**.

I **am worried**　　　　about　　　the exam.

He/She **is worried**　　　about　　　the exam.

나는 그 시험이 **걱정돼**.
그는/그녀는 그 시험이 **걱정돼**.

I **will be worried**　　　about　　　the exam.

He/She **will be worried**　about　　　the exam.

나는 그 시험이 **걱정될 거야**.
그는/그녀는 그 시험이 **걱정될 거야**.

말하기가 톡튀

'걱정하다'라는 또 다른 말에는 be concerned about이 있어요. I'm concerned about the exam.이라고 해도 '나는 그 시험이 걱정 돼.'라는 뜻이 돼요.

STEP 3 말하기 연습 1

 앞에서부터 순서대로 본인의 귀에 들리게 읽어주세요.
한글 단어를 보면서 머릿속에서 영어 단어를 떠올려야 합니다.

I **was worried**

~에 대해

He/She **was worried**

I **am worried**

~에 대해

He/She **is worried**

I **will be worried**

~에 대해

He/She **will be worried**

STEP 3 말하기 연습 2

앞에서부터 순서대로 본인의 귀에 들리게 읽어주세요.
한글 단어를 보면서 머릿속에서 영어 단어를 떠올려야 합니다.

I **was worried**　　　　about

　　　　　　　　　　　　　　　그 시험

He/She **was worried**　　about

I **am worried**　　　　about

　　　　　　　　　　　　　　　그 시험

He/She **is worried**　　about

I **will be worried**　　about

　　　　　　　　　　　　　　　그 시험

He/She **will be worried**　　about

STEP 3 말하기 연습 3

앞에서부터 순서대로 본인의 귀에 들리게 읽어주세요.
입에 익을 때까지 말해보세요.

I **was worried**	about	the exam.
He/She **was worried**	about	the exam.
I **am worried**	about	the exam.
He/She **is worried**	about	the exam.
I **will be worried**	about	the exam.
He/She **will be worried**	about	the exam.

STEP 4 실전 말하기

누가 무엇을 하는지(주어+동사)가 순간 톡 튀어나와야 합니다.
아래 한글 문장을 하나씩 확인 후, 보지 말고 머릿속에서 영어로 말해보세요.

나는 그 시험이 **걱정됐어**.

그는/그녀는 그 시험이 **걱정됐어**.

나는 그 시험이 **걱정돼**.

그는/그녀는 그 시험이 **걱정돼**.

나는 그 시험이 **걱정될 거야**.

그는/그녀는 그 시험이 **걱정될 거야**.

아는 척 톡튀

시험은 exam 또는 test라고 하는데 쪽지시험 같은 간단한 시험은 pop quiz라고 합니다. 대학에 들어가기 위해서는 '대학 입학 시험'을 봐야죠. 한글 단어를 그대로 옮겨서 College Entrance Exam이라고 하면 돼요.

입에서 톡 튀어나오는
여덟 번째 단어

Unit 03
느끼다 feel

STEP 1 말해보기

아래 '단어가 톡튀'의 단어를 보고 학습하기 전에 한 번 말해보세요.

❶ 나는 후라이드 치킨이 먹고 **싶었어**.

❷ 나는 후라이드 치킨이 먹고 **싶어**.

❸ 나는 후라이드 치킨이 먹고 **싶을 거야**.

단어가 톡튀

후라이드 치킨	fried chicken
먹다	eat
느끼다	feel (felt-feel-will feel)
~하고 싶다	feel like

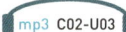

STEP 2 훑어보기

시제와 주어에 따라 동사의 형태가 어떻게 바뀌는지 잘 보세요.

I **felt** like   eating   fried chicken.

He/She **felt** like   eating   fried chicken.

나는 후라이드 치킨이 먹고 **싶었어**.
그는/그녀는 후라이드 치킨이 먹고 **싶었어**.

I **feel** like   eating   fried chicken.

He/She **feels** like eating   fried chicken.

나는 후라이드 치킨이 먹고 **싶어**.
그는/그녀는 후라이드 치킨이 먹고 **싶어**.

I **will feel** like   eating   fried chicken.

He/She **will feel** like   eating   fried chicken.

나는 후라이드 치킨이 먹고 **싶을 거야**.
그는/그녀는 후라이드 치킨이 먹고 **싶을 거야**.

말하기가 톡튀

feel like는 꼭 먹는 것에만 쓸 수 있는 건 아니에요. 낮잠 한 숨 자고 싶은 기분일 때 I feel like taking a nap.이라고 하고, 격하게 아무것도 하고 싶지 않을 때 I don't feel like doing anything.이라고 하면 돼요.

STEP 3 말하기 연습 1

앞에서부터 순서대로 본인의 귀에 들리게 읽어주세요.
한글 단어를 보면서 머릿속에서 영어 단어를 떠올려야 합니다.

I **felt** like

먹고

He/She **felt** like

I **feel** like

먹고

He/She **feels** like

I **will feel** like

먹고

He/She **will feel** like

STEP 3 말하기 연습 2

앞에서부터 순서대로 본인의 귀에 들리게 읽어주세요.
한글 단어를 보면서 머릿속에서 영어 단어를 떠올려야 합니다.

I **felt** like　　　　　eating
　　　　　　　　　　　　　　　　후라이드 치킨이
He/She **felt** like　　eating

I **feel** like　　　　　eating
　　　　　　　　　　　　　　　　후라이드 치킨이
He/She **feels** like　eating

I **will feel** like　　　eating
　　　　　　　　　　　　　　　　후라이드 치킨이
He/She **will feel** like　eating

STEP 3 말하기 연습 3

앞에서부터 순서대로 본인의 귀에 들리게 읽어주세요.
입에 익을 때까지 말해보세요.

| I **felt** like | eating | fried chicken. |
| He/She **felt** like | eating | fried chicken. |

| I **feel** like | eating | fried chicken. |
| He/She **feels** like | eating | fried chicken. |

| I **will feel** like | eating | fried chicken. |
| He/She **will feel** like | eating | fried chicken. |

STEP 4 실전 말하기

누가 무엇을 하는지(주어+동사)가 순간 톡 튀어나와야 합니다.
아래 한글 문장을 하나씩 확인 후, 보지 말고 머릿속에서 영어로 말해보세요.

나는 후라이드 치킨이 먹고 **싶었어.**

그는/그녀는 후라이드 치킨이 먹고 **싶었어.**

나는 후라이드 치킨이 먹고 **싶어.**

그는/그녀는 후라이드 치킨이 먹고 **싶어.**

나는 후라이드 치킨이 먹고 **싶을 거야.**

그는/그녀는 후라이드 치킨이 먹고 **싶을 거야.**

아는 척 톡튀

기분이 좋고 나쁨은 어떻게 표현할까요? '난 기분 좋아.'라고 하면 I feel good., 많이 좋으면 I feel great.이라고 하면 돼요. 반대로 기분이 안 좋으면 I feel bad. 많이 안 좋으면 I feel terrible.이라고 해요. 그럼 여러분은 How are you today?

Unit 04 바라다 hope

입에서 톡 튀어나오는
아홉 번째 단어

STEP 1 말해보기

아래 '단어가 톡튀'의 단어를 보고 학습하기 전에 한 번 말해보세요.

❶ 나는 네가 즐거운 시간을 보내길 **바랐어.**

❷ 나는 네가 즐거운 시간을 보내길 **바라.**

❸ 나는 네가 즐거운 시간을 보내길 **바랄 거야.**

단어가 톡튀

즐거운 시간	a great time
will의 과거형	would
바라다, 희망하다	hope (hoped-hope-will hope)

STEP 2 훑어보기

시제와 주어에 따라 동사의 형태가 어떻게 바뀌는지 잘 보세요.

I **hoped**　　　　you　　　　**would** have a great time.

He/She **hoped**　　you　　　　**would** have a great time.

나는 네가 즐거운 시간을 보내길 **바랐어.**
그는/그녀는 네가 즐거운 시간을 보내길 **바랐어.**

I **hope**　　　　you　　　　have a great time.

He/She **hopes**　　you　　　　have a great time.

나는 네가 즐거운 시간을 보내길 **바라.**
그는/그녀는 네가 즐거운 시간을 보내길 **바라.**

I **will hope**　　　you　　　　have a great time.

He/She **will hope**　you　　　　have a great time.

나는 네가 즐거운 시간을 보내길 **바랄 거야.**
그는/그녀는 네가 즐거운 시간을 보내길 **바랄 거야.**

말하기가 톡튀

현재 상태에서 무엇인가를 바랄 때 hope란 말을 쓰는데 종종 주어 I를 생략해서 Hope you have a great time.과 같이 말해요. 혹은 선물을 주면서 '이거 네 맘에 들었으면 좋겠어.'라고 할때 Hope you like this.라고 해요.

STEP 3 말하기 연습 1

앞에서부터 순서대로 본인의 귀에 들리게 읽어주세요.
한글 단어를 보면서 머릿속에서 영어 단어를 떠올려야 합니다.

I **hoped**

네가

He/She **hoped**

I **hope**

네가

He/She **hopes**

I **will hope**

네가

He/She **will hope**

STEP 3 말하기 연습 2

앞에서부터 순서대로 본인의 귀에 들리게 읽어주세요.
한글 단어를 보면서 머릿속에서 영어 단어를 떠올려야 합니다.

I **hoped**　　　　you

　　　　　　　　　　　　　즐거운 시간을 보내길

He/She **hoped**　you

I **hope**　　　　you

　　　　　　　　　　　　　즐거운 시간을 보내길

He/She **hopes**　you

I **will hope**　　you

　　　　　　　　　　　　　즐거운 시간을 보내길

He/She **will hope**　you

STEP 3　말하기 연습 3

앞에서부터 순서대로 본인의 귀에 들리게 읽어주세요.
입에 익을 때까지 말해보세요.

| I **hoped** | you | **would** have a great time. |

| He/She **hoped** | you | **would** have a great time. |

| I **hope** | you | have a great time. |

| He/She **hopes** | you | have a great time. |

| I **will hope** | you | have a great time. |

| He/She **will hope** | you | have a great time. |

STEP 4 실전 말하기

누가 무엇을 하는지(주어+동사)가 순간 톡 튀어나와야 합니다.
아래 한글 문장을 하나씩 확인 후, 보지 말고 머릿속에서 영어로 말해보세요.

나는 네가 즐거운 시간을 보내길 **바랐어**.

그는/그녀는 네가 즐거운 시간을 보내길 **바랐어**.

나는 네가 즐거운 시간을 보내길 **바라**.

그는/그녀는 네가 즐거운 시간을 보내길 **바라**.

나는 네가 즐거운 시간을 보내길 **바랄 거야**.

그는/그녀는 네가 즐거운 시간을 보내길 **바랄 거야**.

아는 척 톡튀

미래의 실현 가능한 일이나 바람엔 hope를 쓰지만, '~이면 좋겠다'라는 뜻으로 거의 실현 가능성이 없는 일엔 wish를 쓴다는 것 알아두세요. 그래서 '너의 세 가지 소원이 뭐야?'라고 할 때 세 가지 소원은 three hopes가 아니라 three wishes라고 해요.

Unit 05

부러워하다 envy

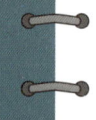
입에서 톡 튀어나오는
열 번째 단어

STEP 1 말해보기

아래 '단어가 톡튀'의 단어를 보고 학습하기 전에 한 번 말해보세요.

❶ 나는 새 차를 사는 네가 **부러웠어**.

❷ 나는 새 차를 사는 네가 **부러워**.

❸ 나는 새 차를 사는 네가 **부러울 거야**.

단어가 톡튀

새로운	new
사다	buy
부러워하다	envy (envied-envy-will envy)

STEP 2 훑어보기

시제와 주어에 따라 동사의 형태가 어떻게 바뀌는지 잘 보세요.

I **envied** you buying a new car.

He/She **envied** you buying a new car.

나는 새 차를 사는 네가 **부러웠어**.
그는/그녀는 새 차를 사는 네가 **부러웠어**.

I **envy** you buying a new car.

He/She **envies** you buying a new car.

나는 새 차를 사는 네가 **부러워**.
그는/그녀는 새 차를 사는 네가 **부러워**.

I **will envy** you buying a new car.

He/She **will envy** you buying a new car.

나는 새 차를 사는 네가 **부러울 거야**.
그는/그녀는 새 차를 사는 네가 **부러울 거야**.

말하기가 톡톡

친구가 새로 산 차가 그냥 부러워서 '난 네 차가 부러워.'라고 한다면 I envy your car.라고 하면 돼요. 하지만 무리해서 산 그 차의 할부금을 갚기 위해 허덕이는 친구를 보면 오~ 노! I don't envy you.가 되겠죠?

STEP 3 말하기 연습 1

앞에서부터 순서대로 본인의 귀에 들리게 읽어주세요.
한글 단어를 보면서 머릿속에서 영어 단어를 떠올려야 합니다.

I **envied**

　　　　　　　　네가

He/She **envied**

I **envy**

　　　　　　　　네가

He/She **envies**

I **will envy**

　　　　　　　　네가

He/She **will envy**

STEP 3 말하기 연습 2

앞에서부터 순서대로 본인의 귀에 들리게 읽어주세요.
한글 단어를 보면서 머릿속에서 영어 단어를 떠올려야 합니다.

I **envied**　　　　you

　　　　　　　　　　　　　　　　새 차를 사는

He/She **envied**　　you

I **envy**　　　　　you

　　　　　　　　　　　　　　　　새 차를 사는

He/She **envies**　　you

I **will envy**　　　you

　　　　　　　　　　　　　　　　새 차를 사는

He/She **will envy**　you

STEP 3　말하기 연습 3

앞에서부터 순서대로 본인의 귀에 들리게 읽어주세요.
입에 익을 때까지 말해보세요.

I **envied**　　　　you　　　　buying a new car.

He/She **envied**　　you　　　　buying a new car.

I **envy**　　　　　you　　　　buying a new car.

He/She **envies**　　you　　　　buying a new car.

I **will envy**　　　you　　　　buying a new car.

He/She **will envy**　you　　　　buying a new car.

STEP 4　실전 말하기

누가 무엇을 하는지(주어+동사)가 순간 톡 튀어나와야 합니다.
아래 한글 문장을 하나씩 확인 후, 보지 말고 머릿속에서 영어로 말해보세요.

나는 새 차를 사는 네가 **부러웠어**.

그는/그녀는 새 차를 사는 네가 **부러웠어**.

나는 새 차를 사는 네가 **부러워**.

그는/그녀는 새 차를 사는 네가 **부러워**.

나는 새 차를 사는 네가 **부러울 거야**.

그는/그녀는 새 차를 사는 네가 **부러울 거야**.

아는 척 톡튀

부러움과 관련된 숙어로 green with envy가 있어요. 아마도 부러움이 커져서 시샘으로 변하면 얼굴색이 녹색으로 바뀌나 봐요. 그래서 My friends were green with envy.라고 하면 '내 친구들이 시샘을 했어.'라는 뜻이에요.

Chapter 03 휴대폰에서 톡튀

Unit 01.	전화	I **call** you many times.
Unit 02.	문자	I **text** you all the time.
Unit 03.	인터넷	I **search for** information on the Internet.
Unit 04.	SNS	I **post** a comment on my blog.
Unit 05.	배터리	My phone **runs out of** battery fast.

Unit 01 전화하다 call

입에서 톡 튀어나오는
열한 번째 단어

STEP 1 말해보기

아래 '단어가 톡튀'의 단어를 보고 학습하기 전에 한 번 말해보세요.

❶ 내가 좀 전에 너에게 **전화했어.**

❷ 나는 여러 번 너에게 **전화해.**

❸ 내가 나중에 너에게 **전화할 거야.**

단어가 톡튀

좀 전에	a minute ago
여러 번	many times
나중에	later
전화하다	call (called-call-will call)

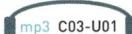

STEP 2 훑어보기

시제와 주어에 따라 동사의 형태가 어떻게 바뀌는지 잘 보세요.

I **called**   you   a minute ago.

He/She **called**   you   a minute ago.

내가 좀 전에 너에게 **전화했어.**
그는/그녀가 좀 전에 너에게 **전화했어.**

I **call**   you   many times.

He/She **calls**   you   many times.

나는 여러 번 너에게 **전화해.**
그는/그녀는 여러 번 너에게 **전화해.**

I **will call**   you   later.

He/She **will call**   you   later.

내가 나중에 너에게 **전화할 거야.**
그는/그녀가 나중에 너에게 **전화할 거야.**

말하기가 톡튀

'전화하다'라는 표현은 여러 가지가 있는데요. '전화해 줄게.'라고 하면 I'll give you a call. 또는 I'll give you a ring.이라고 해요. 우리가 흔히 명사로만 알고 있는 phone이란 단어는 동사로도 쓰여서 I'll phone you.라고 말할 수도 있어요.

STEP 3 말하기 연습 1

앞에서부터 순서대로 본인의 귀에 들리게 읽어주세요.
한글 단어를 보면서 머릿속에서 영어 단어를 떠올려야 합니다.

I **called**

                너에게

He/She **called**

I **call**

                너에게

He/She **calls**

I **will call**

                너에게

He/She **will call**

STEP 3 말하기 연습 2

앞에서부터 순서대로 본인의 귀에 들리게 읽어주세요.
한글 단어를 보면서 머릿속에서 영어 단어를 떠올려야 합니다.

I **called**   you

                                        좀 전에

He/She **called**   you

I **call**   you

                                        여러 번

He/She **calls**   you

I **will call**   you

                                        나중에

He/She **will call**   you

STEP 3 말하기 연습 3

앞에서부터 순서대로 본인의 귀에 들리게 읽어주세요.
입에 익을 때까지 말해보세요.

I **called**	you	a minute ago.
He/She **called**	you	a minute ago.

I **call**	you	many times.
He/She **calls**	you	many times.

I **will call**	you	later.
He/She **will call**	you	later.

STEP 4   실전 말하기

누가 무엇을 하는지(주어+동사)가 순간 톡 튀어나와야 합니다.
아래 한글 문장을 하나씩 확인 후, 보지 말고 머릿속에서 영어로 말해보세요.

내가 좀 전에 너에게 **전화했어**.

그는/그녀가 좀 전에 너에게 **전화했어**.

나는 여러 번 너에게 **전화해**.

그는/그녀는 여러 번 너에게 **전화해**.

내가 나중에 너에게 **전화할 거야**.

그는/그녀가 나중에 너에게 **전화할 거야**.

아는 척 톡튀

휴대폰의 번호판을 keypad라고 하는데요. 흔히 우리가 알고 있는 '샵(#)'과 '별표(*)'를 영어로는 뭐라고 할까요? '샵'은 악보의 올림표에서 나온 말인 것 같은데, 어쨌거나 #은 pound 또는 number sign이라 하고 *는 star 또는 asterisk라고 해요.

Unit 02 문자 보내다 text

입에서 톡 튀어나오는
열두 번째 단어

STEP 1 말해보기

아래 '단어가 톡튀'의 단어를 보고 학습하기 전에 한 번 말해보세요.

❶ 내가 방금 너에게 **문자 보냈어**.

❷ 나는 항상 너에게 **문자 보내**.

❸ 내가 지금 바로 **문자 보낼게**.

단어가 톡튀

방금	just now
항상	all the time
지금 바로	right now
문자 보내다	text (=text message) (texted-text-will text)

STEP 2 훑어보기

시제와 주어에 따라 동사의 형태가 어떻게 바뀌는지 잘 보세요.

I **texted** you just now.
He/She **texted** you just now.

내가 방금 너에게 **문자 보냈어**.
그는/그녀는 방금 너에게 **문자 보냈어**.

I **text** you all the time.
He/She **texts** you all the time.

나는 항상 너에게 **문자 보내**.
그는/그녀는 항상 너에게 **문자 보내**.

I **will text** you right now.
He/She **will text** you right now.

내가 지금 바로 **문자 보낼게**.
그는/그녀는 지금 바로 **문자 보낼 거야**.

말하기가 톡튀

간단히 '내가 문자 할게.'라고 한다면 I'll text you.라고 하면 돼요. 그리고 '사진을 문자로 보내 줄게.'는 보내는 대상만 뒤에 붙여서 I'll text you a photo.라고 말하면 돼요.

STEP 3　말하기 연습 1

앞에서부터 순서대로 본인의 귀에 들리게 읽어주세요.
한글 단어를 보면서 머릿속에서 영어 단어를 떠올려야 합니다.

I **texted**

　　　　　　　　　너에게

He/She **texted**

I **text**

　　　　　　　　　너에게

He/She **texts**

I **will text**

　　　　　　　　　너에게

He/She **will text**

STEP 3 말하기 연습 2

앞에서부터 순서대로 본인의 귀에 들리게 읽어주세요.
한글 단어를 보면서 머릿속에서 영어 단어를 떠올려야 합니다.

I **texted**　　　you

　　　　　　　　　　　　방금

He/She **texted**　you

I **text**　　　　you

　　　　　　　　　　　　항상

He/She **texts**　you

I **will text**　　you

　　　　　　　　　　　지금 바로

He/She **will text**　you

STEP 3 말하기 연습 3

앞에서부터 순서대로 본인의 귀에 들리게 읽어주세요.
입에 익을 때까지 말해보세요.

I **texted**	you	just now.
He/She **texted**	you	just now.

I **text**	you	all the time.
He/She **texts**	you	all the time.

I **will text**	you	right now.
He/She **will text**	you	right now.

STEP 4 실전 말하기

누가 무엇을 하는지(주어+동사)가 순간 톡 튀어나와야 합니다.
아래 한글 문장을 하나씩 확인 후, 보지 말고 머릿속에서 영어로 말해보세요.

내가 방금 너에게 **문자 보냈어**.

그는/그녀는 방금 너에게 **문자 보냈어**.

나는 항상 너에게 **문자 보내**.

그는/그녀는 항상 너에게 **문자 보내**.

내가 지금 바로 **문자 보낼게**.

그는/그녀는 지금 바로 **문자 보낼 거야**.

아는 척 톡튀

문자를 할 때는 짧게 줄여쓰는 경우가 많죠? 자주 사용하는 다음 문자들이 어떤 뜻인지 한 번 알아맞춰 보세요.

LUV, U, LOL, OIC, OMG, XOXO

정답: Love, You, Laughing Out Loud (크게 웃다), Oh I See (아 그렇군요),
Oh My God, Hugs and Kisses (포옹과 키스)

Unit 03 찾아보다 search

입에서 톡 튀어나오는
열세 번째 단어

STEP 1 말해보기

아래 '단어가 톡튀'의 단어를 보고 학습하기 전에 한 번 말해보세요.

❶ 나는 인터넷에서 정보를 **찾아봤어.**

❷ 나는 인터넷에서 정보를 **찾아봐.**

❸ 나는 인터넷에서 정보를 **찾아볼 거야.**

단어가 톡튀

인터넷에서	on the Internet
정보	information
찾아보다	search (searched-search-will search)

STEP 2 훑어보기

시제와 주어에 따라 동사의 형태가 어떻게 바뀌는지 잘 보세요.

I **searched for** information on the Internet.

He/She **searched for** information on the Internet.

나는 인터넷에서 정보를 **찾아봤어**.
그는/그녀는 인터넷에서 정보를 **찾아봤어**.

I **search for** information on the Internet.

He/She **searches for** information on the Internet.

나는 인터넷에서 정보를 **찾아봐**.
그는/그녀는 인터넷에서 정보를 **찾아봐**.

I **will search for** information on the Internet.

He/She **will search for** information on the Internet.

나는 인터넷에서 정보를 **찾아볼 거야**.
그는/그녀는 인터넷에서 정보를 **찾아볼 거야**.

말하기가 톡퉈

인터넷을 이곳저곳 둘러보는 것을 웹서핑이라고 하죠. 그래서 '난 웹서핑하고 있어.'는 I'm surfing the web.이라고 해요. '나는 인터넷에서 그 정보를 찾았다/발견했다.'라고 할 때는 I found the information on the Internet.이라고 하면 돼요.

STEP 3 말하기 연습 1

 앞에서부터 순서대로 본인의 귀에 들리게 읽어주세요.
한글 단어를 보면서 머릿속에서 영어 단어를 떠올려야 합니다.

I **searched for**

정보를

He/She **searched for**

I **search for**

정보를

He/She **searches for**

I **will search for**

정보를

He/She **will search for**

STEP 3 말하기 연습 2

앞에서부터 순서대로 본인의 귀에 들리게 읽어주세요.
한글 단어를 보면서 머릿속에서 영어 단어를 떠올려야 합니다.

I **searched for**   information

                                                       인터넷에서

He/She **searched for**   information

I **search for**   information

                                                      인터넷에서

He/She **searches for**   information

I **will search for**   information

                                                      인터넷에서

He/She **will search for**   information

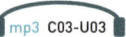

STEP 3　말하기 연습 3

앞에서부터 순서대로 본인의 귀에 들리게 읽어주세요.
입에 익을 때까지 말해보세요.

I **searched for**　　　information　　on the Internet.

He/She **searched for**　　information　　on the Internet.

I **search for**　　　information　　on the Internet.

He/She **searches for**　　information　　on the Internet.

I **will search for**　　information　　on the Internet.

He/She **will search for**　　information　　on the Internet.

STEP 4   실전 말하기

누가 무엇을 하는지(주어+동사)가 순간 톡 튀어나와야 합니다.
아래 한글 문장을 하나씩 확인 후, 보지 말고 머릿속에서 영어로 말해보세요.

나는 인터넷에서 정보를 **찾아봤어**.

그는/그녀는 인터넷에서 정보를 **찾아봤어**.

나는 인터넷에서 정보를 **찾아봐**.

그는/그녀는 인터넷에서 정보를 **찾아봐**.

나는 인터넷에서 정보를 **찾아볼 거야**.

그는/그녀는 인터넷에서 정보를 **찾아볼 거야**.

아는 척 톡튀

우리나라에서는 궁금한 게 있으면 '네이*에게 물어봐.'라고 하죠. 영어에서도 이와 같이 세계 최대 인터넷 검색 업체의 이름을 동사화한 goolge이란 단어가 있어요. 그래서 Google it.이라고 하면 '구글에서 그것을 검색해 봐.'라는 말이에요.

Unit 04

글을 올리다 post

입에서 톡 튀어나오는
열네 번째 단어

STEP 1 말해보기

아래 '단어가 톡튀'의 단어를 보고 학습하기 전에 한 번 말해보세요.

❶ 나는 페이스북에 댓글을 **달았어**.

❷ 나는 내 블로그에 댓글을 **달아**.

❸ 나는 그 기사에 댓글을 **달 거야**.

단어가 톡튀

페이스북	Facebook
블로그	blog
기사	article
댓글	comment
글을 올리다	post (posted-post-will post)

STEP 2 훑어보기

시제와 주어에 따라 동사의 형태가 어떻게 바뀌는지 잘 보세요.

I **posted**   a comment   on my Facebook.

He/She **posted**   a comment   on his/her Facebook.

나는 내 페이스북에 댓글을 **달았어**.
그는/그녀는 자기 페이스북에 댓글을 **달았어**.

I **post**   a comment   on my blog.

He/She **posts**   a comment   on his/her blog.

나는 내 블로그에 댓글을 **달아**.
그는/그녀는 자기 블로그에 댓글을 **달아**.

I **will post**   a comment   on the article.

He/She **will post**   a comment   on the article.

나는 그 기사에 댓글을 **달 거야**.
그는/그녀는 그 기사에 댓글을 **달 거야**.

말하기가 톡튀

'내가 네 블로그에 댓글을 남겼어.'라고 말하고 싶다면, I left a comment on your blog.라고 하면 돼요. 이 댓글에 답글을 달았다고 한다면 I replied to your comment.라고 해요.

STEP 3 말하기 연습 1

앞에서부터 순서대로 본인의 귀에 들리게 읽어주세요.
한글 단어를 보면서 머릿속에서 영어 단어를 떠올려야 합니다.

I **posted**

　　　　　　　　　댓글을

He/She **posted**

I **post**

　　　　　　　　　댓글을

He/She **posts**

I **will post**

　　　　　　　　　댓글을

He/She **will post**

STEP 3 말하기 연습 2

앞에서부터 순서대로 본인의 귀에 들리게 읽어주세요.
한글 단어를 보면서 머릿속에서 영어 단어를 떠올려야 합니다.

I **posted**   a comment
                                          내 페이스북에
He/She **posted**   a comment

I **post**   a comment
                                          내 블로그에
He/She **posts**   a comment

I **will post**   a comment
                                          그 기사에
He/She **will post** a comment

STEP 3 말하기 연습 3

앞에서부터 순서대로 본인의 귀에 들리게 읽어주세요.
입에 익을 때까지 말해보세요.

I **posted**	a comment	on my Facebook.
He/She **posted**	a comment	on his/her Facebook.

I **post**	a comment	on my blog.
He/She **posts**	a comment	on his/her blog.

I **will post**	a comment	on the article.
He/She **will post**	a comment	on the article.

STEP 4　실전 말하기

누가 무엇을 하는지(주어+동사)가 순간 톡 튀어나와야 합니다.
아래 한글 문장을 하나씩 확인 후, 보지 말고 머릿속에서 영어로 말해보세요.

나는 내 페이스북에 댓글을 **달았어**.

그는/그녀는 자기 페이스북에 댓글을 **달았어**.

나는 내 블로그에 댓글을 **달아**.

그는/그녀는 자기 블로그에 댓글을 **달아**.

나는 그 기사에 댓글을 **달 거야**.

그는/그녀는 그 기사에 댓글을 **달 거야**.

아는 척 톡튀

악플로 인해 피해를 보는 사람들이 종종 생기는데요. 악성 댓글은 '악의적인'이란 뜻의 어려운 단어가 붙어서 malicious comment라고 해요. 악플이나 그룹 채팅에서의 집단 따돌림과 같은 사이버 폭력(cyberbullying)은 정말 없어졌으면 좋겠어요.

Unit 05 다 떨어지다 run out of

입에서 톡 튀어나오는
열다섯 번째 단어

STEP 1 말해보기

아래 '단어가 톡튀'의 단어를 보고 학습하기 전에 한 번 말해보세요.

❶ 내 전화기 배터리가 좀 전에 **다 떨어졌어.**

❷ 내 전화기 배터리는 빨리 **떨어져.**

❸ 내 전화기 배터리는 곧 **다 떨어질 거야.**

단어가 톡튀

전화기	phone
배터리	battery
좀 전에	a minute ago
빨리	fast
곧	soon
다 떨어지다	run out of

STEP 2 훑어보기

시제와 주어에 따라 동사의 형태가 어떻게 바뀌는지 잘 보세요.

My phone **ran out of** battery a minute ago.

His/Her phone **ran out of** battery a minute ago.

내 전화기 배터리가 좀 전에 **다 떨어졌어**.
그의/그녀의 전화기 배터리가 좀 전에 **다 떨어졌어**.

My phone **runs out of** battery fast.

His/Her phone **runs out of** battery fast.

내 전화기 배터리는 빨리 **떨어져**.
그의/그녀의 전화기 배터리는 빨리 **떨어져**.

My phone **will run out of** battery soon.

His/Her phone **will run out of** battery soon.

내 전화기 배터리는 곧 **다 떨어질 거야**.
그의/그녀의 전화기 배터리는 곧 **다 떨어질 거야**.

말하기가 톡튀

'나 배터리 별로 없어.'라고 한다면 My battery is running low.라고 말해요. 그리고 거의 꺼지기 전에 '내 전화기 죽기 직전이야.'라고 한다면 My phone is about to die.라고 하면 돼요.

STEP 3 말하기 연습 1

앞에서부터 순서대로 본인의 귀에 들리게 읽어주세요.
한글 단어를 보면서 머릿속에서 영어 단어를 떠올려야 합니다.

My phone **ran out of**

　　　　　　　　　　　배터리가

His/Her phone **ran out of**

My phone **runs out of**

　　　　　　　　　　　배터리가

His/Her phone **runs out of**

My phone **will run out of**

　　　　　　　　　　　배터리가

His/Her phone **will run out of**

STEP 3 말하기 연습 2

앞에서부터 순서대로 본인의 귀에 들리게 읽어주세요.
한글 단어를 보면서 머릿속에서 영어 단어를 떠올려야 합니다.

My phone **ran out of**   battery

His/Her phone **ran out of**   battery

좀 전에

My phone **runs out of**   battery

His/Her phone **runs out of**   battery

빨리

My phone **will run out of**   battery

His/Her phone **will run out of** battery

곧

STEP 3　말하기 연습 3

앞에서부터 순서대로 본인의 귀에 들리게 읽어주세요.
입에 익을 때까지 말해보세요.

My phone **ran out of**　　battery　　a minute ago.

His/Her phone **ran out of**　　battery　　a minute ago.

My phone **runs out of**　　battery　　fast.

His/Her phone **runs out of**　　battery　　fast.

My phone **will run out of**　　battery　　soon.

His/Her phone **will run out of**　　battery　　soon.

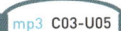

STEP 4　실전 말하기

누가 무엇을 하는지(주어+동사)가 순간 톡 튀어나와야 합니다.
아래 한글 문장을 하나씩 확인 후, 보지 말고 머릿속에서 영어로 말해보세요.

내 전화기 배터리가 좀 전에 **다 떨어졌어.**

그의/그녀의 전화기 배터리가 좀 전에 **다 떨어졌어.**

내 전화기 배터리는 빨리 **떨어져.**

그의/그녀의 전화기 배터리는 빨리 **떨어져.**

내 전화기 배터리는 곧 **다 떨어질 거야.**

그의/그녀의 전화기 배터리는 곧 **다 떨어질 거야.**

아는 척 톡튀

휴대폰은 cell phone 또는 mobile phone이라고 해요. 아무래도 가지고 다녀야 하다 보니 휴대폰을 고르는 기준 중의 하나가 배터리의 수명(battery life)일 텐데요. '휴대폰을 충전하다'는 charge로 표현해요. '나 휴대폰 충전해야 해.'라고 한다면 My phone needs charging.이라고 간단히 말하면 돼요.

Chapter 04 개인사에서 톡튀

Unit 01. 취미   I **love** going to the movies.
Unit 02. 사교   I **drink** coffee with her.
Unit 03. 학업   I **study** to get a good score on the test.
Unit 04. 건강   I **catch** a cold easily.
Unit 05. 사고   You **break** your arm snowboarding.

Unit 01 정말 좋아하다 love

입에서 톡 튀어나오는
열여섯 번째 단어

STEP 1 말해보기

 아래 '단어가 톡튀'의 단어를 보고 학습하기 전에 한 번 말해보세요.

❶ 나는 영화보러 가는 걸 **정말 좋아했어.**

❷ 나는 영화보러 가는 걸 **정말 좋아해.**

❸ 나는 영화보러 가는 걸 **정말 좋아할 거야.**

단어가 톡튀

영화	movie
영화보러 가다	go to the movies
정말 좋아하다	love (loved-love-will love)

STEP 2 훑어보기

시제와 주어에 따라 동사의 형태가 어떻게 바뀌는지 잘 보세요.

I **loved** going to the movies.

He/She **loved** going to the movies.

나는 영화보러 가는 걸 **정말 좋아했어.**
그는/그녀는 영화보러 가는 걸 **정말 좋아했어.**

I **love** going to the movies.

He/She **loves** going to the movies.

나는 영화보러 가는 걸 **정말 좋아해.**
그는/그녀는 영화보러 가는 걸 **정말 좋아해.**

I **will love** going to the movies.

He/She **will love** going to the movies.

나는 영화보러 가는 걸 **정말 좋아할 거야.**
그는/그녀는 영화보러 가는 걸 **정말 좋아할 거야.**

말하기가 톡튀

love 대신 like를 써도 같은 의미이지만 좋아하는 강도가 조금은 약하겠죠. love나 like 다음에는 going과 to go 두 형태 모두 가능해요. 그래서 I love to go to the movies.라고 말해도 같은 의미예요.

STEP 3 말하기 연습 1

앞에서부터 순서대로 본인의 귀에 들리게 읽어주세요.
한글 단어를 보면서 머릿속에서 영어 단어를 떠올려야 합니다.

I **loved**

가는 걸

He/She **loved**

I **love**

가는 걸

He/She **loves**

I **will love**

가는 걸

He/She **will love**

STEP 3 말하기 연습 2

앞에서부터 순서대로 본인의 귀에 들리게 읽어주세요.
한글 단어를 보면서 머릿속에서 영어 단어를 떠올려야 합니다.

I loved   going

                                       영화보러

He/She loved   going

I love   going

                                       영화보러

He/She loves   going

I will love   going

                                       영화보러

He/She will love   going

STEP 3 말하기 연습 3

앞에서부터 순서대로 본인의 귀에 들리게 읽어주세요.
입에 익을 때까지 말해보세요.

I **loved**   going   to the movies.

He/She **loved**   going   to the movies.

I **love**   going   to the movies.

He/She **loves**   going   to the movies.

I **will love**   going   to the movies.

He/She **will love** going   to the movies.

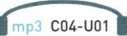

STEP 4   실전 말하기

누가 무엇을 하는지(주어+동사)가 순간 톡 튀어나와야 합니다.
아래 한글 문장을 하나씩 확인 후, 보지 말고 머릿속에서 영어로 말해보세요.

나는 영화보러 가는 걸 **정말 좋아했어**.

그는/그녀는 영화보러 가는 걸 **정말 좋아했어**.

나는 영화보러 가는 걸 **정말 좋아해**.

그는/그녀는 영화보러 가는 걸 **정말 좋아해**.

나는 영화보러 가는 걸 **정말 좋아할 거야**.

그는/그녀는 영화보러 가는 걸 **정말 좋아할 거야**.

아는 척 톡튀

영화의 예고편은 trailer라고 해요. 그리고 관객들이 영화를 본 후에 남기는 후기는 review라고 하죠. 그런데 가끔 영화를 먼저 본 사람들이 영화의 중요한 장면을 발설하기도 하는데, 그런 것을 spoiler라고 해요. spoil은 '망치다'라는 뜻이거든요. 재밌게 영화를 보려는 사람들의 기분을 완전히 망쳐놓는 거죠.
No spoilers, please!

Unit 02 마시다 drink

입에서 톡 튀어나오는
열일곱 번째 단어

STEP 1 말해보기

아래 '단어가 톡튀'의 단어를 보고 학습하기 전에 한 번 말해보세요.

❶ 나는 그와 커피를 **마셨어**.

❷ 나는 그녀와 커피를 **마셔**.

❸ 나는 친구와 커피를 **마실 거야**.

단어가 톡튀

그와	with him
커피	coffee
마시다	drink (drank-drink-will drink)

STEP 2 훑어보기

시제와 주어에 따라 동사의 형태가 어떻게 바뀌는지 잘 보세요.

I **drank**　　　　coffee　　　with him.

He/She **drank**　　coffee　　　with him.

나는 그와 커피를 **마셨어**.
그는/그녀는 그와 커피를 **마셨어**.

I **drink**　　　　coffee　　　with her.

He/She **drinks**　　coffee　　　with her.

나는 그녀와 커피를 **마셔**.
그는/그녀는 그녀와 커피를 **마셔**.

I **will drink**　　　coffee　　　with my friend.

He/She **will drink**　coffee　　　with his/her friend.

나는 친구와 커피를 **마실 거야**.
그는/그녀는 친구와 커피를 **마실 거야**.

말하기가 톡튀

단순히 커피를 마셨다고 하기보다 커피 몇 잔을 마셨는지 말하고 싶다면 a cup of coffee, two cups of coffee를 붙여서 I drink two cups of coffee a day. '난 하루에 두 잔의 커피를 마셔.'라고 하면 돼요.

STEP 3 말하기 연습 1

앞에서부터 순서대로 본인의 귀에 들리게 읽어주세요.
한글 단어를 보면서 머릿속에서 영어 단어를 떠올려야 합니다.

I **drank**

커피

He/She **drank**

I **drink**

커피

He/She **drinks**

I **will drink**

커피

He/She **will drink**

STEP 3 말하기 연습 2

앞에서부터 순서대로 본인의 귀에 들리게 읽어주세요.
한글 단어를 보면서 머릿속에서 영어 단어를 떠올려야 합니다.

I **drank**   coffee

                                                   그와

He/She **drank**   coffee

I **drink**   coffee

                                                   그녀와

He/She **drinks**   coffee

I **will drink**   coffee

                                                   친구와

He/She **will drink** coffee

STEP 3 말하기 연습 3

앞에서부터 순서대로 본인의 귀에 들리게 읽어주세요.
입에 익을 때까지 말해보세요.

| I **drank** | coffee | with him. |
| He/She **drank** | coffee | with him. |

| I **drink** | coffee | with her. |
| He/She **drinks** | coffee | with her. |

| I **will drink** | coffee | with my friend. |
| He/She **will drink** | coffee | with his/her friend. |

STEP 4 실전 말하기

누가 무엇을 하는지(주어+동사)가 순간 톡 튀어나와야 합니다.
아래 한글 문장을 하나씩 확인 후, 보지 말고 머릿속에서 영어로 말해보세요.

나는 그와 커피를 **마셨어**.

그/그녀는 그와 커피를 **마셨어**.

나는 그녀와 커피를 **마셔**.

그/그녀는 그녀와 커피를 **마셔**.

나는 친구와 커피를 **마실 거야**.

그/그녀는 친구와 커피를 **마실 거야**.

아는 척 톡튀

카페인(caffeine)은 어떻게 발음할까요? [**kæfiːn**]은 [**f**] 발음에 유의해서 '캐퓌인'처럼 발음하면 돼요. 식당에서 카페인이 없는 커피를 원한다면 이렇게 말해보세요. Do you have decaf coffee?
decaf [**diːkæf**]는 '디캐프'처럼 발음하면 돼요.

Unit 03 공부하다 study

입에서 톡 튀어나오는
열여덟 번째 단어

STEP 1 말해보기

아래 '단어가 톡튀'의 단어를 보고 학습하기 전에 한 번 말해보세요.

❶ 나는 시험에서 좋은 점수를 받기 위해 **공부했어**.

❷ 나는 시험에서 좋은 점수를 받기 위해 **공부해**.

❸ 나는 시험에서 좋은 점수를 받기 위해 **공부할 거야**.

단어가 톡튀

시험	test
점수	score
얻다, 받다	get
공부하다	study (studied-study-will study)

STEP 2 훑어보기

시제와 주어에 따라 동사의 형태가 어떻게 바뀌는지 잘 보세요.

I **studied**　　　　to get a good score　　　　on the test.

He/She **studied**　　to get a good score　　　　on the test.

나는 시험에서 좋은 점수를 받기 위해 **공부했어**.
그는/그녀는 시험에서 좋은 점수를 받기 위해 **공부했어**.

I **study**　　　　　to get a good score　　　　on the test.

He/She **studies**　　to get a good score　　　　on the test.

나는 시험에서 좋은 점수를 받기 위해 **공부해**.
그는/그녀는 시험에서 좋은 점수를 받기 위해 **공부해**.

I **will study**　　　to get a good score　　　　on the test.

He/She **will study**　to get a good score　　　　on the test.

나는 시험에서 좋은 점수를 받기 위해 **공부할 거야**.
그는/그녀는 시험에서 좋은 점수를 받기 위해 **공부할 거야**.

말하기가 톡튀

시험을 잘 봤거나 못 봤다는 말은 어떻게 할까요? '나는 시험을 잘 봤어.'는 I did well on the test. '나는 시험을 못 봤어.'는 not을 사용해서 I didn't do well on the test.라고 하면 돼요

STEP 3 말하기 연습 1

앞에서부터 순서대로 본인의 귀에 들리게 읽어주세요.
한글 단어를 보면서 머릿속에서 영어 단어를 떠올려야 합니다.

I **studied**

좋은 점수를 받기 위해

He/She **studied**

I **study**

좋은 점수를 받기 위해

He/She **studies**

I **will study**

좋은 점수를 받기 위해

He/She **will study**

STEP 3 말하기 연습 2

앞에서부터 순서대로 본인의 귀에 들리게 읽어주세요.
한글 단어를 보면서 머릿속에서 영어 단어를 떠올려야 합니다.

I **studied**   to get a good score
                                               시험에서

He/She **studied**   to get a good score

I **study**   to get a good score
                                               시험에서

He/She **studies**   to get a good score

I **will study**   to get a good score
                                               시험에서

He/She **will study** to get a good score

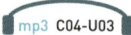

STEP 3 말하기 연습 3

앞에서부터 순서대로 본인의 귀에 들리게 읽어주세요.
입에 익을 때까지 말해보세요.

I **studied**	to get a good score	on the test.
He/She **studied**	to get a good score	on the test.

I **study**	to get a good score	on the test.
He/She **studies**	to get a good score	on the test.

I **will study**	to get a good score	on the test.
He/She **will study**	to get a good score	on the test.

STEP 4 실전 말하기

누가 무엇을 하는지(주어+동사)가 순간 톡 튀어나와야 합니다.
아래 한글 문장을 하나씩 확인 후, 보지 말고 머릿속에서 영어로 말해보세요.

나는 시험에서 좋은 점수를 받기 위해 **공부했어.**

그는/그녀는 시험에서 좋은 점수를 받기 위해 **공부했어.**

나는 시험에서 좋은 점수를 받기 위해 **공부해.**

그는/그녀는 시험에서 좋은 점수를 받기 위해 **공부해.**

나는 시험에서 좋은 점수를 받기 위해 **공부할 거야.**

그는/그녀는 시험에서 좋은 점수를 받기 위해 **공부할 거야.**

아는 척 톡퇴

'시험공부를 하다'는 study for a test나 review for a test라고 해요. 많은 학생들이 벼락치기로 시험공부를 하는데, 그걸 cram for a test라고 해요. 어찌됐든 그렇게 열심히 시험공부를 한 후엔 시험을 보죠. '시험을 보다'라는 표현은 take a test 라고 해요. 시험을 보는 모든 이에게 Good luck on your tests!

Unit 04  (병에) 걸리다 catch

입에서 톡 튀어나오는 열아홉 번째 단어

STEP 1 말해보기

 아래 '단어가 톡튀'의 단어를 보고 학습하기 전에 한 번 말해보세요.

❶ 나는 여름에 감기에 **걸렸어**.

❷ 나는 감기에 쉽게 **걸려**.

❸ 나는 또 감기에 **걸릴 거야**.

단어가 톡튀

여름에	in summer
쉽게	easily
또, 다시	again
(병에) 걸리다	catch (caught-catch-will catch)

STEP 2 훑어보기

시제와 주어에 따라 동사의 형태가 어떻게 바뀌는지 잘 보세요.

I **caught**   a cold   in summer.

He/She **caught**   a cold   in summer.

나는 여름에 감기에 **걸렸어**.
그는/그녀는 여름에 감기에 **걸렸어**.

I **catch**   a cold   easily.

He/She **catches**   a cold   easily.

나는 감기에 쉽게 **걸려**.
그는/그녀는 감기에 쉽게 **걸려**.

I **will catch**   a cold   again.

He/She **will catch**   a cold   again.

나는 또 감기에 **걸릴 거야**.
그는/그녀는 또 감기에 **걸릴 거야**.

말하기가 톡퉈

'감기에 걸렸다'라는 뜻으로 I got a cold. 또는 I have a cold.라고 말해요. 감기는 아주 추운 날보다는 환절기에 더 잘 걸리는 것 같은데요, 학교나 직장에서 다른 사람으로부터 옮을 수도 있죠. 그럴 땐 농담으로 말해보세요.
I got this cold from you!

STEP 3 말하기 연습 1

앞에서부터 순서대로 본인의 귀에 들리게 읽어주세요.
한글 단어를 보면서 머릿속에서 영어 단어를 떠올려야 합니다.

I **caught**

　　　　　　감기

He/She **caught**

I **catch**

　　　　　　감기

He/She **catches**

I **will catch**

　　　　　　감기

He/She **will catch**

STEP 3 말하기 연습 2

앞에서부터 순서대로 본인의 귀에 들리게 읽어주세요.
한글 단어를 보면서 머릿속에서 영어 단어를 떠올려야 합니다.

I **caught**　　　　a cold

　　　　　　　　　　　　　　　여름에

He/She **caught**　　a cold

I **catch**　　　　a cold

　　　　　　　　　　　　　　　쉽게

He/She **catches**　　a cold

I **will catch**　　a cold

　　　　　　　　　　　　　　　또

He/She **will catch**　　a cold

STEP 3 말하기 연습 3

앞에서부터 순서대로 본인의 귀에 들리게 읽어주세요.
입에 익을 때까지 말해보세요.

I **caught**	a cold	in summer.
He/She **caught**	a cold	in summer.
I **catch**	a cold	easily.
He/She **catches**	a cold	easily.
I **will catch**	a cold	again.
He/She **will catch**	a cold	again.

STEP 4   실전 말하기

누가 무엇을 하는지(주어+동사)가 순간 톡 튀어나와야 합니다.
아래 한글 문장을 하나씩 확인 후, 보지 말고 머릿속에서 영어로 말해보세요.

나는 여름에 감기에 **걸렸어**.

그는/그녀는 여름에 감기에 **걸렸어**.

나는 감기에 쉽게 **걸려**.

그는/그녀는 감기에 쉽게 **걸려**.

나는 또 감기에 **걸릴 거야**.

그는/그녀는 또 감기에 **걸릴 거야**.

아는 척 톡퀴

감기에는 몸살감기, 목감기, 코감기 등이 있죠.
몸살감기는 a severe cold, the flu (severe 심한, flu 독감)
목감기는 a sore throat (sore 아픈, 따가운)
코감기는 a runny nose (runny 콧물이 흐르는)
보통 have, get과 함께 쓰여서 I have the flu., I have a sore throat., I have a runny nose.라고 말해요.

입에서 톡 튀어나오는
스무 번째 단어

Unit 05 부러지다 break

STEP 1 말해보기

아래 '단어가 톡튀'의 단어를 보고 학습하기 전에 한 번 말해보세요.

❶ 너는 스노우보드를 타다가 팔이 **부러졌어.**

❷ 너는 스노우보드를 타다가 팔이 **부러져.**

❸ 너는 스노우보드를 타다가 팔이 **부러질 거야.**

단어가 톡튀

스노우보드를 타다	snowboard
팔	arm
부러지다	break (broke-break-will break)

STEP 2 훑어보기

시제와 주어에 따라 동사의 형태가 어떻게 바뀌는지 잘 보세요.

You **broke**   your arm   snowboarding.

He/She **broke**   his/her arm   snowboarding.

너는 스노우보드를 타다가 팔이 **부러졌어**.
그는/그녀는 스노우보드를 타다가 팔이 **부러졌어**.

You **break**   your arm   snowboarding.

He/She **breaks**   his/her arm   snowboarding.

너는 스노우보드를 타다가 팔이 **부러져**.
그는/그녀는 스노우보드를 타다가 팔이 **부러져**.

You **will break**   your arm   snowboarding.

He/She **will break**   his/her arm   snowboarding.

너는 스노우보드를 타다가 팔이 **부러질 거야**.
그는/그녀는 스노우보드를 타다가 팔이 **부러질 거야**.

말하기가 톡튀

'어쩌다가 팔이 부러졌나요?'라고 물으면 I broke my arm riding a bike.라든지, I broke my arm playing soccer.라고 답을 하겠죠. 눈치챘겠지만 동사에 -ing만 붙이면 되는 거예요. I broke my arm running down the stairs.는 계단을 뛰어내려 가다가… 꽈당!

STEP 3 말하기 연습 1

앞에서부터 순서대로 본인의 귀에 들리게 읽어주세요.
한글 단어를 보면서 머릿속에서 영어 단어를 떠올려야 합니다.

You **broke** 네 팔

He/She **broke** 그의/그녀의 팔

You **break** 네 팔

He/She **breaks** 그의/그녀의 팔

You **will break** 네 팔

He/She **will break** 그의/그녀의 팔

STEP 3 말하기 연습 2

앞에서부터 순서대로 본인의 귀에 들리게 읽어주세요.
한글 단어를 보면서 머릿속에서 영어 단어를 떠올려야 합니다.

You **broke**　　　your arm

　　　　　　　　　　　　　　스노우보드를 타다가

He/She **broke**　his/her arm

You **break**　　　your arm

　　　　　　　　　　　　　　스노우보드를 타다가

He/She **breaks**　his/her arm

You **will break**　　your arm

　　　　　　　　　　　　　　스노우보드를 타다가

He/She **will break**　his/her arm

STEP 3　말하기 연습 3

앞에서부터 순서대로 본인의 귀에 들리게 읽어주세요.
입에 익을 때까지 말해보세요.

You **broke**　　　your arm　　　snowboarding.

He/She **broke**　　his/her arm　　snowboarding.

You **break**　　　your arm　　　snowboarding.

He/She **breaks**　　his/her arm　　snowboarding.

You **will break**　　your arm　　　snowboarding.

He/She **will break**　his/her arm　　snowboarding.

STEP 4 실전 말하기

누가 무엇을 하는지(주어+동사)가 순간 톡 튀어나와야 합니다.
아래 한글 문장을 하나씩 확인 후, 보지 말고 머릿속에서 영어로 말해보세요.

너는 스노우보드를 타다가 팔이 **부러졌어**.

그는/그녀는 스노우보드를 타다가 팔이 **부러졌어**.

너는 스노우보드를 타다가 팔이 **부러져**.

그는/그녀는 스노우보드를 타다가 팔이 **부러져**.

너는 스노우보드를 타다가 팔이 **부러질 거야**.

그는/그녀는 스노우보드를 타다가 팔이 **부러질 거야**.

아는 척 톡튀

팔이나 다리가 부러지는 것 외에 삐거나 금이 가는 경우엔 뭐라고 할까요? '삐다'는 sprain, '금이 가다'는 fracture예요. 그래서 '나 발목을 삐었어.'는 I sprained my ankle.이라고 하고, '나 다리에 금이 갔어.'라고 하면 I fractured my leg.라고 하면 돼요. 다치는 일이 없도록 모두 Be careful!

Chapter 05　생각하며 톡튀

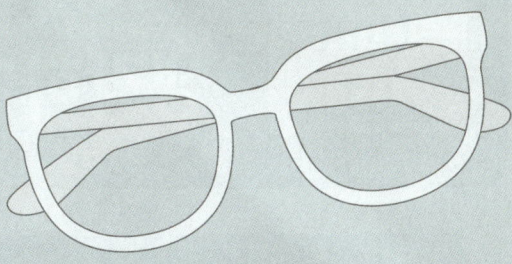

Unit 01. 생각　You **think** this jacket is expensive.
Unit 02. 감각　The food **smells** really delicious.
Unit 03. 표정　You **look** a little tired.
Unit 04. 기억　I **remember** my mom's birthday.
Unit 05. 믿음　I **believe** it is true.

Unit 01 생각하다 think

입에서 톡 튀어나오는
스물한 번째 단어

STEP 1 말해보기

아래 '단어가 톡튀'의 단어를 보고 학습하기 전에 한 번 말해보세요.

❶ 너는 이 티셔츠가 비싸다고 **생각했어.**

❷ 너는 이 재킷이 비싸다고 **생각해.**

❸ 너는 이 청바지가 비싸다고 **생각할 거야.**

단어가 톡튀

티셔츠	t-shirt
재킷	jacket
청바지	jeans
비싸다	expensive
생각하다	think (thought-think-will think)

STEP 2 훑어보기

시제와 주어에 따라 동사의 형태가 어떻게 바뀌는지 잘 보세요.

You **thought**   this t-shirt   was expensive.
He/She **thought**   this t-shirt   was expensive.

너는 이 티셔츠가 비싸다고 **생각했어**.
그는/그녀는 이 티셔츠가 비싸다고 **생각했어**.

You **think**   this jacket   is expensive.
He/She **thinks**   this jacket   is expensive.

너는 이 재킷이 비싸다고 **생각해**.
그는/그녀는 이 재킷이 비싸다고 **생각해**.

You **will think**   these jeans   are expensive.
He/She **will think**   these jeans   are expensive.

너는 이 청바지가 비싸다고 **생각할 거야**.
그는/그녀는 이 청바지가 비싸다고 **생각할 거야**.

말하기가 톡튀

think 다음에 주어, 동사가 있는 절이 올 경우엔 시제에 유의해서 말해야 해요. 특히 과거일 경우 뒤에 오는 절도 과거여야 하니까 is가 아니라 was가 된 거예요. 그래서 I **thought** you **went** home.이나 I **thought** he **called** you.처럼 말하면 돼요.

STEP 3 말하기 연습 1

앞에서부터 순서대로 본인의 귀에 들리게 읽어주세요.
한글 단어를 보면서 머릿속에서 영어 단어를 떠올려야 합니다.

You **thought**

이 티셔츠가

He/She **thought**

You **think**

이 재킷이

He/She **thinks**

You **will think**

이 청바지가

He/She **will think**

STEP 3 말하기 연습 2

앞에서부터 순서대로 본인의 귀에 들리게 읽어주세요.
한글 단어를 보면서 머릿속에서 영어 단어를 떠올려야 합니다.

You **thought**   this t-shirt

                                                    비싸다고

He/She **thought**   this t-shirt

You **think**   this jacket

                                                    비싸다고

He/She **thinks**   this jacket

You **will think**   these jeans

                                                    비싸다고

He/She **will think** these jeans

STEP 3 말하기 연습 3

앞에서부터 순서대로 본인의 귀에 들리게 읽어주세요.
입에 익을 때까지 말해보세요.

| You **thought** | this t-shirt | was expensive. |
| He/She **thought** | this t-shirt | was expensive. |

| You **think** | this jacket | is expensive. |
| He/She **thinks** | this jacket | is expensive. |

| You **will think** | these jeans | are expensive. |
| He/She **will think** | these jeans | are expensive. |

STEP 4 실전 말하기

누가 무엇을 하는지(주어+동사)가 순간 톡 튀어나와야 합니다.
아래 한글 문장을 하나씩 확인 후, 보지 말고 머릿속에서 영어로 말해보세요.

너는 이 티셔츠가 비싸다고 **생각했어**.

그는/그녀는 이 티셔츠가 비싸다고 **생각했어**.

너는 이 재킷이 비싸다고 **생각해**.

그는/그녀는 이 재킷이 비싸다고 **생각해**.

너는 이 청바지가 비싸다고 **생각할 거야**.

그는/그녀는 이 청바지가 비싸다고 **생각할 거야**.

아는 척 톡튀

애플사의 광고 중에 'Think different'라는 문구가 있습니다. 문법적으로 맞게 쓰자면 Think differently가 되겠죠. 하지만 광고 문구이니 그냥 패스!
하지만 이처럼 think 다음에 형용사를 쓰는 경우가 있어요. Think big. '크게 생각해 봐.', Think positive. '긍정적으로 생각해 봐.'
잘 기억했다가 써먹어 보세요.

입에서 톡 튀어나오는
스물두 번째 단어

Unit 02 냄새가 나다 smell

STEP 1 말해보기

아래 '단어가 톡튀'의 단어를 보고 학습하기 전에 한 번 말해보세요.

❶ 그 음식은 정말 이상한 **냄새가 났어.**

❷ 그 음식은 정말 맛있는 **냄새가 나.**

❸ 그 음식은 정말 좋은 **냄새가 날 거야.**

단어가 톡튀

정말로	really
이상한	strange
맛있는	delicious
좋은	good
냄새가 나다	smell (smelled-smell-will smell)

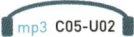

STEP 2 훑어보기

시제와 주어에 따라 동사의 형태가 어떻게 바뀌는지 잘 보세요.

The food smelled really strange.

그 음식은 정말 이상한 **냄새가 났어.**

The food smells really delicious.

그 음식은 정말 맛있는 **냄새가 나.**

The food will smell really good.

그 음식은 정말 좋은 **냄새가 날 거야.**

말하기가 톡튀

smell 다음에는 항상 형용사를 써야 해요. 향이 좋은 샴푸나 향수를 쓴 사람이 있다면 You smell nice.라고 하면 되겠죠. 외출했다가 집에 갔는데 뭔가 맛있는 냄새가 난다면 이렇게 한 마디 하겠죠.
Something smells good!

STEP 3   말하기 연습 1

앞에서부터 순서대로 본인의 귀에 들리게 읽어주세요.
한글 단어를 보면서 머릿속에서 영어 단어를 떠올려야 합니다.

The food **smelled**   정말로

The food **smells**   정말로

The food **will smell**   정말로

STEP 3 말하기 연습 2

앞에서부터 순서대로 본인의 귀에 들리게 읽어주세요.
한글 단어를 보면서 머릿속에서 영어 단어를 떠올려야 합니다.

The food **smelled**　　　really　　　　　　이상한

The food **smells**　　　really　　　　　　맛있는

The food **will smell**　　　really　　　　　　좋은

STEP 3 말하기 연습 3

앞에서부터 순서대로 본인의 귀에 들리게 읽어주세요.
입에 익을 때까지 말해보세요.

The food **smelled**　　　really　　　strange.

The food **smells**　　　really　　　delicious.

The food **will smell**　　　really　　　good.

STEP 4　실전 말하기

누가 무엇을 하는지(주어+동사)가 순간 톡 튀어나와야 합니다.
아래 한글 문장을 하나씩 확인 후, 보지 말고 머릿속에서 영어로 말해보세요.

그 음식은 정말 이상한 **냄새가 났어.**

그 음식은 정말 맛있는 **냄새가 나.**

그 음식은 정말 좋은 **냄새가 날 거야.**

아는 척 톡튀

smell은 오감 중의 하나죠. 나머지 네 가지는 sight, hearing, taste, touch예요. 각각에 해당하는 것은 다음과 같아요. sight → see (보다), hearing → hear (듣다), taste → taste (맛이 나다), touch → feel (느끼다). 하지만 한 가지 더! sixth sense 라고 하는 육감이 있어요. 특히 여자에게 발달해 있는 바로 그 '촉'인 거죠.

Unit 03

~해 보이다 look

입에서 톡 튀어나오는
스물세 번째 단어

STEP 1 말해보기

아래 '단어가 톡튀'의 단어를 보고 학습하기 전에 한 번 말해보세요.

❶ 너는 조금 실망스러워 **보였어**.

❷ 너는 좀 피곤해 **보여**.

❸ 너는 좀 더 젊어 **보일 거야**.

단어가 톡튀

조금	a little
실망스러운	disappointed
피곤한	tired
더 젊은	younger
보이다	look (looked-look-will look)

STEP 2 훑어보기

시제와 주어에 따라 동사의 형태가 어떻게 바뀌는지 잘 보세요.

| You **looked** | a little | disappointed. |
| He/She **looked** | a little | disappointed. |

너는 조금 실망스러워 **보였어**.
그는/그녀는 조금 실망스러워 **보였어**.

| You **look** | a little | tired. |
| He/She **looks** | a little | tired. |

너는 좀 피곤해 **보여**.
그는/그녀는 좀 피곤해 **보여**.

| You **will look** | a little | younger. |
| He/She **will look** | a little | younger. |

너는 좀 더 젊어 **보일 거야**.
그는/그녀는 좀 더 젊어 **보일 거야**.

말하기가 톡튀

look은 칭찬할 때도 많이 써요. 그냥 간단히 You look great. '너 좋아 보여.'라고 할 수 있고, 입고 있는 옷을 보고 You look great in your shirt. '그 셔츠 아주 잘 어울리네.'라고 할 수도 있어요.

STEP 3 말하기 연습 1

앞에서부터 순서대로 본인의 귀에 들리게 읽어주세요.
한글 단어를 보면서 머릿속에서 영어 단어를 떠올려야 합니다.

You looked

조금

He/She looked

You look

좀

He/She looks

You will look

좀

He/She will look

STEP 3 말하기 연습 2

앞에서부터 순서대로 본인의 귀에 들리게 읽어주세요.
한글 단어를 보면서 머릿속에서 영어 단어를 떠올려야 합니다.

You **looked**   a little

                                          실망스러워

He/She **looked**   a little

You **look**   a little

                                          피곤해

He/She **looks**   a little

You **will look**   a little

                                          더 젊어

He/She **will look** a little

STEP 3　말하기 연습 3

앞에서부터 순서대로 본인의 귀에 들리게 읽어주세요.
입에 익을 때까지 말해보세요.

You **looked**	a little	disappointed.
He/She **looked**	a little	disappointed.
You **look**	a little	tired.
He/She **looks**	a little	tired.
You **will look**	a little	younger.
He/She **will look**	a little	younger.

STEP 4 실전 말하기

누가 무엇을 하는지(주어+동사)가 순간 톡 튀어나와야 합니다.
아래 한글 문장을 하나씩 확인 후, 보지 말고 머릿속에서 영어로 말해보세요.

너는 조금 실망스러워 **보였어**.

그는/그녀는 조금 실망스러워 **보였어**.

너는 좀 피곤해 **보여**.

그는/그녀는 좀 피곤해 **보여**.

너는 좀 더 젊어 **보일 거야**.

그는/그녀는 좀 더 젊어 **보일 거야**.

아는 척 톡튀

look like는 '~처럼 보이다'라는 뜻이에요. Looks like you didn't sleep well last night. '너 어젯밤에 잠을 잘 못 잔 것 같네.'라고 하면 상대방이 피곤해 보이는 이유를 나름대로 추측한 말이겠죠. You look just like your dad.라고 하면 '넌 꼭 네 아빠랑 닮았어.'라는 말이에요.

Unit 04 기억하다 remember

입에서 톡 튀어나오는
스물네 번째 단어

STEP 1 말해보기

아래 '단어가 톡튀'의 단어를 보고 학습하기 전에 한 번 말해보세요.

❶ 나는 우리 아빠 생일을 **기억하고 있었어.**

❷ 나는 우리 엄마 생일을 **기억해.**

❸ 나는 네 생일을 **기억할 거야.**

단어가 톡튀

아빠	dad
엄마	mom
생일	birthday
기억하다	remember (remembered-remember-will remember)

STEP 2 훑어보기

시제와 주어에 따라 동사의 형태가 어떻게 바뀌는지 잘 보세요.

I **remembered**   my dad's   birthday.

He/She **remembered**   my dad's   birthday.

나는 우리 아빠 생일을 **기억하고 있었어.**
그는/그녀는 우리 아빠 생일을 **기억하고 있었어.**

I **remember**   my mom's   birthday.

He/She **remembers**   my mom's   birthday.

나는 우리 엄마 생일을 **기억해.**
그는/그녀는 우리 엄마 생일을 **기억해.**

I **will remember**   your   birthday.

He/She **will remember**   your   birthday.

나는 네 생일을 **기억할 거야.**
그는/그녀는 네 생일을 **기억할 거야.**

말하기가 톡튀

remember 다음에 동사가 오는 경우엔 과거의 일을 기억하는 것과 하려고 했던 일을 기억하는 것으로 얘기할 수 있어요. 전자의 경우, I remember telling him about this. '이것에 대해 그에게 말한 기억이 나.', 그리고 후자의 경우, I remembered to turn the light off. '나 전등 꺼야 한다는 것 기억났어.'와 같이 말할 수 있어요.

STEP 3 말하기 연습 1

앞에서부터 순서대로 본인의 귀에 들리게 읽어주세요.
한글 단어를 보면서 머릿속에서 영어 단어를 떠올려야 합니다.

I **remembered**

　　　　　　　　　　우리 아빠의

He/She **remembered**

I **remember**

　　　　　　　　　　우리 엄마의

He/She **remembers**

I **will remember**

　　　　　　　　　　너의

He/She **will remember**

STEP 3 말하기 연습 2

앞에서부터 순서대로 본인의 귀에 들리게 읽어주세요.
한글 단어를 보면서 머릿속에서 영어 단어를 떠올려야 합니다.

I **remembered**   my dad's
                                         생일

He/She **remembered**   my dad's

I **remember**   my mom's
                                         생일

He/She **remembers**   my mom's

I **will remember**   your
                                         생일

He/She **will remember** your

STEP 3　말하기 연습 3

앞에서부터 순서대로 본인의 귀에 들리게 읽어주세요.
입에 익을 때까지 말해보세요.

| I **remembered** | my dad's | birthday. |
| He/She **remembered** | my dad's | birthday. |

| I **remember** | my mom's | birthday. |
| He/She **remembers** | my mom's | birthday. |

| I **will remember** | your | birthday. |
| He/She **will remember** | your | birthday. |

STEP 4　실전 말하기

누가 무엇을 하는지(주어+동사)가 순간 톡 튀어나와야 합니다.
아래 한글 문장을 하나씩 확인 후, 보지 말고 머릿속에서 영어로 말해보세요.

나는 우리 아빠 생일을 **기억하고 있었어.**

그는/그녀는 우리 아빠 생일을 **기억하고 있었어.**

나는 우리 엄마 생일을 **기억해.**

그는/그녀는 우리 엄마 생일을 **기억해.**

나는 네 생일을 **기억할 거야.**

그는/그녀는 네 생일을 **기억할 거야.**

아는 척 톡튀

remember란 단어를 사용해서 안부를 전할 수도 있어요. 상대방의 가족이나 부모에게 Remember me to your family [parents].라고 하면 '네 가족[부모님]에게 안부 전해 줘.'라는 뜻이에요.

Unit 05 믿다 believe

입에서 톡 튀어나오는
스물다섯 번째 단어

STEP 1 말해보기

아래 '단어가 톡튀'의 단어를 보고 학습하기 전에 한 번 말해보세요.

❶ 나는 그게 사실이었다고 **믿었어.**

❷ 나는 그게 사실이라고 **믿어.**

❸ 나는 그게 사실이라고 **믿을 거야.**

단어가 톡튀

사실인	true
믿다	believe (believed-believe-will believe)

STEP 2 훑어보기

시제와 주어에 따라 동사의 형태가 어떻게 바뀌는지 잘 보세요.

I **believed**   it   was true.

He/She **believed**   it   was true.

나는 그게 사실이었다고 **믿었어**.
그는/그녀는 그게 사실이었다고 **믿었어**.

I **believe**   it   is true.

He/She **believes**   it   is true.

나는 그게 사실이라고 **믿어**.
그는/그녀는 그게 사실이라고 **믿어**.

I **will believe**   it   is true.

He/She **will believe**   it   is true.

나는 그게 사실이라고 **믿을 거야**.
그는/그녀는 그게 사실이라고 **믿을 거야**.

말하기가 톡튀

'그게 사실이라는 걸 믿을 수가 없어!'라고 말하고 싶다면 can't를 붙여서 I can't believe it is true.라고 하면 돼요. 누군가에게 믿지 못할 어떤 말을 들었다면 I can't believe my ears.. 믿지 못할 무언가를 보았다면 I can't believe my eyes. 라고 하면 돼요.

STEP 3 말하기 연습 1

앞에서부터 순서대로 본인의 귀에 들리게 읽어주세요.
한글 단어를 보면서 머릿속에서 영어 단어를 떠올려야 합니다.

I **believed**

그게

He/She **believed**

I **believe**

그게

He/She **believes**

I **will believe**

그게

He/She **will believe**

STEP 3 말하기 연습 2

앞에서부터 순서대로 본인의 귀에 들리게 읽어주세요.
한글 단어를 보면서 머릿속에서 영어 단어를 떠올려야 합니다.

I **believed**　　　　it

　　　　　　　　　　　　　　사실이었다고

He/She **believed**　　it

I **believe**　　　　it

　　　　　　　　　　　　　　사실이라고

He/She **believes**　　it

I **will believe**　　it

　　　　　　　　　　　　　　사실이라고

He/She **will believe**　　it

STEP 3　말하기 연습 3

앞에서부터 순서대로 본인의 귀에 들리게 읽어주세요.
입에 익을 때까지 말해보세요.

I **believed**	it	was true.
He/She **believed**	it	was true.

I **believe**	it	is true.
He/She **believes**	it	is true.

I **will believe**	it	is true.
He/She **will believe**	it	is true.

STEP 4 실전 말하기

누가 무엇을 하는지(주어+동사)가 순간 톡 튀어나와야 합니다. 아래 한글 문장을 하나씩 확인 후, 보지 말고 머릿속에서 영어로 말해보세요.

나는 그게 사실이었다고 **믿었어.**

그는/그녀는 그게 사실이었다고 **믿었어.**

나는 그게 사실이라고 **믿어.**

그는/그녀는 그게 사실이라고 **믿어.**

나는 그게 사실이라고 **믿을 거야.**

그는/그녀는 그게 사실이라고 **믿을 거야.**

아는 척 톡튀

'믿거나 말거나'라고 하여 Believe it or not이란 말을 쓰죠. 사실이지만 믿기 어려운 말을 할 때 '믿지 않겠지만', 또는 '믿기 힘들겠지만'이란 의미로 believe it or not이란 말을 문장의 앞이나 뒤에 붙여서 말해요.

Chapter 06 사회에서 톡튀

- Unit 01. 직업 I **work** in marketing.
- Unit 02. 근무 I **finish** work at 6.
- Unit 03. 수입 I **make** about $4,000 a month.
- Unit 04. 도움 I **help** him prepare the presentations.
- Unit 05. 마감 You **need** to fix the computer by tomorrow.

Unit 01 일하다 work

입에서 톡 튀어나오는
스물여섯 번째 단어

STEP 1 말해보기

아래 '단어가 톡튀'의 단어를 보고 학습하기 전에 한 번 말해보세요.

❶ 나는 영업부에서 **일했어.**

❷ 나는 마케팅부에서 **일해.**

❸ 나는 인사부에서 **일할 거야.**

단어가 톡튀

영업부	sales
마케팅 (부서)	marketing (=the marketing department)
인사부	HR (Human Resources)
일하다	work (worked-work-will work)

STEP 2　훑어보기

시제와 주어에 따라 동사의 형태가 어떻게 바뀌는지 잘 보세요.

| I **worked** | in | sales. |
| He/She **worked** | in | sales. |

나는 영업부에서 **일했어**.
그는/그녀는 영업부에서 **일했어**.

| I **work** | in | marketing. |
| He/She **works** | in | marketing. |

나는 마케팅부에서 **일해**.
그는/그녀는 마케팅부에서 **일해**.

| I **will work** | in | HR. |
| He/She **will work** | in | HR. |

나는 인사부에서 **일할 거야**.
그는/그녀는 인사부에서 **일할 거야**.

말하기가 톡튀

어느 부서에서 일하는지를 말하고 싶다면 in marketing처럼 accounting, advertising, R&D 등의 부서명 앞에 in을 붙이면 돼요. 그리고 어느 회사에서 일하는지를 말하고 싶다면 'I work for 회사명'으로 말하면 돼요.

STEP 3 말하기 연습 1

앞에서부터 순서대로 본인의 귀에 들리게 읽어주세요.
한글 단어를 보면서 머릿속에서 영어 단어를 떠올려야 합니다.

I **worked**

에서

He/She **worked**

I **work**

에서

He/She **works**

I **will work**

에서

He/She **will work**

STEP 3 말하기 연습 2

앞에서부터 순서대로 본인의 귀에 들리게 읽어주세요.
한글 단어를 보면서 머릿속에서 영어 단어를 떠올려야 합니다.

I **worked**   in
                              영업부
He/She **worked**   in

I **work**   in
                              마케팅부
He/She **works**   in

I **will work**   in
                              인사부
He/She **will work** in

STEP 3 말하기 연습 3

앞에서부터 순서대로 본인의 귀에 들리게 읽어주세요.
입에 익을 때까지 말해보세요.

I **worked**	in	sales.
He/She **worked**	in	sales.

I **work**	in	marketing.
He/She **works**	in	marketing.

I **will work**	in	HR.
He/She **will work**	in	HR.

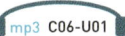

STEP 4 　실전 말하기

누가 무엇을 하는지(주어+동사)가 순간 톡 튀어나와야 합니다.
아래 한글 문장을 하나씩 확인 후, 보지 말고 머릿속에서 영어로 말해보세요.

나는 영업부에서 **일했어**.

그는/그녀는 영업부에서 **일했어**.

나는 마케팅부에서 **일해**.

그는/그녀는 마케팅부에서 **일해**.

나는 인사부에서 **일할 거야**.

그는/그녀는 인사부에서 **일할 거야**.

아는 척 톡튀

일에는 full-time job, part-time job, freelance work 등이 있죠. full-time은 보통 40시간 정도를 일하는 직업을 말하고, part-time은 그 이하로 일하는 직업을 말해요. 요즘 part-timer에게 최저임금도 제대로 안 주는 악덕 업주들이 있다는데, 벼룩의 간을 빼드세요!

Unit 02 끝내다 finish

입에서 톡 튀어나오는
스물일곱 번째 단어

STEP 1 말해보기

아래 '단어가 톡튀'의 단어를 보고 학습하기 전에 한 번 말해보세요.

❶ 나는 밤 늦게 일을 **끝냈어.**

❷ 나는 6시에 일이 **끝나.**

❸ 나는 일찍 일을 **끝낼 거야.**

단어가 톡튀

밤 늦게	late at night
6시에	at 6 (=at 6 o'clock)
일찍	early
끝내다	finish (finished-finish-will finish)

STEP 2 훑어보기

시제와 주어에 따라 동사의 형태가 어떻게 바뀌는지 잘 보세요.

I **finished** work late at night.

He/She **finished** work late at night.

나는 밤 늦게 일을 **끝냈어**.
그는/그녀는 밤 늦게 일을 **끝냈어**.

I **finish** work at 6.

He/She **finishes** work at 6.

나는 6시에 일이 **끝나**.
그는/그녀는 6시에 일이 **끝나**.

I **will finish** work early.

He/She **will finish** work early.

나는 일찍 일을 **끝낼 거야**.
그는/그녀는 일찍 일을 **끝낼 거야**.

말하기가 톡퉈

'오늘은 일찍 일을 끝내야지.'라고 출근하며 결심하지만 언제 어디서 누군가로부터 일이 터질지 아무도 모르는 게 회사죠. '난 오늘 야근해야 해.'라는 말은 I have to work overtime today.라고 하면 돼요.

STEP 3 말하기 연습 1

 앞에서부터 순서대로 본인의 귀에 들리게 읽어주세요.
한글 단어를 보면서 머릿속에서 영어 단어를 떠올려야 합니다.

I **finished**

일을

He/She **finished**

I **finish**

일이

He/She **finishes**

I **will finish**

일을

He/She **will finish**

STEP 3 말하기 연습 2

앞에서부터 순서대로 본인의 귀에 들리게 읽어주세요.
한글 단어를 보면서 머릿속에서 영어 단어를 떠올려야 합니다.

I **finished**   work

                                                  밤 늦게

He/She **finished**   work

I **finish**   work

                                                  6시에

He/She **finishes**   work

I **will finish**   work

                                                  일찍

He/She **will finish**   work

STEP 3　말하기 연습 3

앞에서부터 순서대로 본인의 귀에 들리게 읽어주세요.
입에 익을 때까지 말해보세요.

I **finished**	work	late at night.
He/She **finished**	work	late at night.
I **finish**	work	at 6.
He/She **finishes**	work	at 6.
I **will finish**	work	early.
He/She **will finish**	work	early.

STEP 4 실전 말하기

누가 무엇을 하는지(주어+동사)가 순간 톡 튀어나와야 합니다.
아래 한글 문장을 하나씩 확인 후, 보지 말고 머릿속에서 영어로 말해보세요.

나는 밤 늦게 일을 **끝냈어**.

그는/그녀는 밤 늦게 일을 **끝냈어**.

나는 6시에 일이 **끝나**.

그는/그녀는 6시에 일이 **끝나**.

나는 일찍 일을 **끝낼 거야**.

그는/그녀는 일찍 일을 **끝낼 거야**.

아는 척 톡튀

회사에서 하는 일 중에는 회의가 참 많은 시간을 차지하죠?
'회의를 하다'는 have a meeting, '회의를 소집하다'는 call a meeting, '회의에 참석하다'는 attend a meeting이라고 해요. 긴 회의로 진 빼지 말고 짧게 회의하고 일은 일찍 끝내는 걸로~

Unit 03 돈을 벌다 make

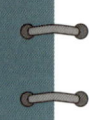

입에서 톡 튀어나오는
스물여덟 번째 단어

STEP 1 말해보기

아래 '단어가 톡튀'의 단어를 보고 학습하기 전에 한 번 말해보세요.

❶ 나는 하루에 4백 달러 정도를 **벌었어**.

❷ 나는 한 달에 4천 달러 정도를 **벌어**.

❸ 나는 1년에 4만 달러 정도를 **벌 거야**.

단어가 톡튀

약 4만 달러	about $40,000
하루에	a day (per day)
한 달에	a month (per month)
일 년에	a year (per year)
벌다	make (made-make-will make)

STEP 2 훑어보기

시제와 주어에 따라 동사의 형태가 어떻게 바뀌는지 잘 보세요.

I **made**   about $400   a day.

He/She **made**   about $400   a day.

나는 하루에 4백 달러 정도를 **벌었어.**
그는/그녀는 하루에 4백 달러 정도를 **벌었어.**

I **make**   about $4,000   a month.

He/She **makes**   about $4,000   a month.

나는 한 달에 4천 달러 정도를 **벌어.**
그는/그녀는 한 달에 4천 달러 정도를 **벌어.**

I **will make**   about $40,000   a year.

He/She **will make** about $40,000   a year.

나는 1년에 4만 달러 정도를 **벌 거야.**
그는/그녀는 1년에 4만 달러 정도를 **벌 거야.**

말하기가 톡톡

같은 의미의 '돈을 벌다'라는 말로 get, earn이라는 단어를 써서 I get [earn] about $40,000 a year.라고 해도 돼요. 기간을 말할 때는 '일년에'는 a year, '한 달에'는 a month, '하루에'는 a day라고 하면 돼요. I make about $40,000 a month.라고 할 수 있는 날이 올까요?

STEP 3 말하기 연습 1

앞에서부터 순서대로 본인의 귀에 들리게 읽어주세요.
한글 단어를 보면서 머릿속에서 영어 단어를 떠올려야 합니다.

I **made**

        4백 달러 정도를

He/She **made**

I **make**

        4천 달러 정도를

He/She **makes**

I **will make**

        4만 달러 정도를

He/She **will make**

STEP 3 말하기 연습 2

앞에서부터 순서대로 본인의 귀에 들리게 읽어주세요.
한글 단어를 보면서 머릿속에서 영어 단어를 떠올려야 합니다.

I **made**   about $400

                                        하루에

He/She **made**   about $400

I **make**   about $4,000

                                        한 달에

He/She **makes**   about $4,000

I **will make**   about $40,000

                                        일 년에

He/She **will make**   about $40,000

STEP 3 말하기 연습 3

앞에서부터 순서대로 본인의 귀에 들리게 읽어주세요.
입에 익을 때까지 말해보세요.

| I **made** | about $400 | a day |
| He/She **made** | about $400 | a day. |

| I **make** | about $4,000 | a month. |
| He/She **makes** | about $4,000 | a month. |

| I **will make** | about $40,000 | a year. |
| He/She **will make** | about $40,000 | a year. |

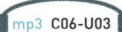

STEP 4   실전 말하기

누가 무엇을 하는지(주어+동사)가 순간 톡 튀어나와야 합니다.
아래 한글 문장을 하나씩 확인 후, 보지 말고 머릿속에서 영어로 말해보세요.

나는 하루에 4백 달러 정도를 **벌었어**.

그는/그녀는 하루에 4백 달러 정도를 **벌었어**.

나는 한 달에 4천 달러 정도를 **벌어**.

그는/그녀는 한 달에 4천 달러 정도를 **벌어**.

나는 1년에 4만 달러 정도를 **벌 거야**.

그는/그녀는 1년에 4만 달러 정도를 **벌 거야**.

아는 척 톡튀

큰 단위의 돈은 읽기가 어렵죠. 41,500은 어떻게 읽을까요?
일단 세 자릿수마다 끊어서 읽어야 해요. Forty one **thousand** five hundred.
아래 숫자를 잘 읽어보세요.

- 141,500 - one hundred forty one **thousand** five hundred
- 20,141,500 - twenty **million** one hundred forty one **thousand** five hundred

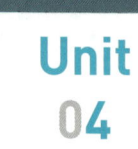

Unit 04   돕다 help

입에서 톡 튀어나오는
스물아홉 번째 단어

STEP 1 말해보기

아래 '단어가 톡튀'의 단어를 보고 학습하기 전에 한 번 말해보세요.

❶ 나는 그가 발표 준비하는 것을 **도왔어**.

❷ 나는 그가 발표 준비하는 것을 **도와**.

❸ 나는 그가 발표 준비하는 것을 **도울 거야**.

단어가 톡튀

준비하다	prepare
발표	presentation
돕다	help (helped-help-will help)

STEP 2 훑어보기

시제와 주어에 따라 동사의 형태가 어떻게 바뀌는지 잘 보세요.

I **helped**   him   prepare the presentation.

He/She **helped**   me   prepare the presentation.

나는 그가 발표 준비하는 것을 **도왔어**.
그는/그녀는 내가 발표 준비하는 것을 **도왔어**.

I **help**   him   prepare the presentations.

He/She **helps**   me   prepare the presentations.

나는 그가 발표 준비하는 것을 **도와**.
그는/그녀는 내가 발표 준비하는 것을 **도와**.

I **will help**   him   prepare the presentation.

He/She **will help**   me   prepare the presentation.

나는 그가 발표 준비하는 것을 **도울 거야**.
그는/그녀는 내가 발표 준비하는 것을 **도울 거야**.

말하기가 톡튀

help 다음에 나오는 동사는 to를 넣어도, 안 넣어도 돼요. 그럼 안 넣는 게 쉽겠죠?
다음 두 문장에서 볼드체로 된 동사를 잘 보세요.
I helped my mom **clean** the room. '난 엄마가 방을 청소하는 것을 도왔어.'
I will help him **move** the table. '난 그가 탁자 옮기는 걸 도와줄 거야.'

STEP 3 말하기 연습 1

앞에서부터 순서대로 본인의 귀에 들리게 읽어주세요.
한글 단어를 보면서 머릿속에서 영어 단어를 떠올려야 합니다.

I **helped**   그가

He/She **helped**   내가

I **help**   그가

He/She **helps**   내가

I **will help**   그가

He/She **will help**   내가

STEP 3 말하기 연습 2

앞에서부터 순서대로 본인의 귀에 들리게 읽어주세요.
한글 단어를 보면서 머릿속에서 영어 단어를 떠올려야 합니다.

I helped　　him

　　　　　　　　　　　　발표 준비하는 것을

He/She **helped**　me

I help　　him

　　　　　　　　　　　　발표 준비하는 것을

He/She **helps**　me

I will help　　him

　　　　　　　　　　　　발표 준비하는 것을

He/She **will help**　me

STEP 3 말하기 연습 3

앞에서부터 순서대로 본인의 귀에 들리게 읽어주세요.
입에 익을 때까지 말해보세요.

I **helped**	him	prepare the presentation.
He/She **helped**	me	prepare the presentation.
I **help**	him	prepare the presentations.
He/She **helps**	me	prepare the presentations.
I **will help**	him	prepare the presentation.
He/She **will help**	me	prepare the presentation.

STEP 4 실전 말하기

누가 무엇을 하는지(주어+동사)가 순간 톡 튀어나와야 합니다.
아래 한글 문장을 하나씩 확인 후, 보지 말고 머릿속에서 영어로 말해보세요.

나는 그가 발표 준비하는 것을 **도왔어**.

그는/그녀는 내가 발표 준비하는 것을 **도왔어**.

나는 그가 발표 준비하는 것을 **도와**.

그는/그녀는 내가 발표 준비하는 것을 **도와**.

나는 그가 발표 준비하는 것을 **도울 거야**.

그는/그녀는 내가 발표 준비하는 것을 **도울 거야**.

아는 척 톡튀

우리 주변에는 도움의 손길이 필요한 사람이 많아요. a helping hand라고 하는 도움의 손길은 누군가에게 줄 수도(give), 빌려 줄 수도(lend) 있어요. 물론 lend a helping hand라고 해서 도움을 다시 돌려받는 건 아니에요. 그냥 give[lend] a helping hand는 '도움을 주다'라는 뜻이에요. 댓가를 바라지 않는 도움이 진정한 도움이겠죠?

Unit 05 필요하다 need

입에서 톡 튀어나오는
서른 번째 단어

STEP 1 말해보기

아래 '단어가 톡튀'의 단어를 보고 학습하기 전에 한 번 말해보세요.

❶ 너는 내일까지 그 컴퓨터를 고칠 **필요가 있었어.**

❷ 너는 내일까지 그 컴퓨터를 고칠 **필요가 있어.**

❸ 너는 내일까지 그 컴퓨터를 고칠 **필요가 있을 거야.**

단어가 톡튀

내일까지	by tomorrow
컴퓨터	computer
고치다	fix
필요하다	need (needed-need-will need)

STEP 2 훑어보기

시제와 주어에 따라 동사의 형태가 어떻게 바뀌는지 잘 보세요.

You **needed** to fix the computer by tomorrow.

He/She **needed** to fix the computer by tomorrow.

너는 내일까지 그 컴퓨터를 고칠 **필요가 있었어**.
그는/그녀는 내일까지 그 컴퓨터를 고칠 **필요가 있었어**.

You **need** to fix the computer by tomorrow.

He/She **needs** to fix the computer by tomorrow.

너는 내일까지 그 컴퓨터를 고칠 **필요가 있어**.
그는/그녀는 내일까지 그 컴퓨터를 고칠 **필요가 있어**.

You **will need** to fix the computer by tomorrow.

He/She **will need** to fix the computer by tomorrow.

너는 내일까지 그 컴퓨터를 고칠 **필요가 있을 거야**.
그는/그녀는 내일까지 그 컴퓨터를 고칠 **필요가 있을 거야**.

말하기가 톡튀

I need to fix the computer.는 주체가 I죠. 반면에 컴퓨터를 주체로 '그 컴퓨터는 고쳐야 해.'라고 말할 수도 있어요. 이럴 때 The computer needs to be fixed. 또는 The computer needs fixing.이라고 말하면 돼요. 휴대폰 배터리 얘기할 때 배운 표현 있었죠? My phone needs charging.과 같은 형태예요.

STEP 3　말하기 연습 1

앞에서부터 순서대로 본인의 귀에 들리게 읽어주세요.
한글 단어를 보면서 머릿속에서 영어 단어를 떠올려야 합니다.

You **needed**

그 컴퓨터를 고칠

He/She **needed**

You **need**

그 컴퓨터를 고칠

He/She **needs**

You **will need**

그 컴퓨터를 고칠

He/She **will need**

STEP 3 말하기 연습 2

앞에서부터 순서대로 본인의 귀에 들리게 읽어주세요.
한글 단어를 보면서 머릿속에서 영어 단어를 떠올려야 합니다.

You **needed**   to fix the computer

                                            내일까지

He/She **needed**   to fix the computer

You **need**   to fix the computer

                                            내일까지

He/She **needs**   to fix the computer

You **will need**   to fix the computer

                                            내일까지

He/She **will need**   to fix the computer

STEP 3 말하기 연습 3

앞에서부터 순서대로 본인의 귀에 들리게 읽어주세요.
입에 익을 때까지 말해보세요.

You **needed**　　　to fix the computer　　　by tomorrow.

He/She **needed**　　to fix the computer　　　by tomorrow.

You **need**　　　　to fix the computer　　　by tomorrow.

He/She **needs**　　to fix the computer　　　by tomorrow.

You **will need**　　to fix the computer　　　by tomorrow.

He/She **will need**　to fix the computer　　　by tomorrow.

STEP 4 실전 말하기

누가 무엇을 하는지(주어+동사)가 순간 톡 튀어나와야 합니다.
아래 한글 문장을 하나씩 확인 후, 보지 말고 머릿속에서 영어로 말해보세요.

너는 내일까지 그 컴퓨터를 고칠 **필요가 있었어**.

그는/그녀는 내일까지 그 컴퓨터를 고칠 **필요가 있었어**.

너는 내일까지 그 컴퓨터를 고칠 **필요가 있어**.

그는/그녀는 내일까지 그 컴퓨터를 고칠 **필요가 있어**.

너는 내일까지 그 컴퓨터를 고칠 **필요가 있을 거야**.

그는/그녀는 내일까지 그 컴퓨터를 고칠 **필요가 있을 거야**.

아는 척 톡튀

by와 until은 둘 다 '~까지'라는 의미예요. 하지만 by는 마감을 말할 때, until은 마감까지의 기간을 말할 때 써요. 다음 두 가지의 뜻을 잘 비교해 보세요.

Write the report by 12 P.M. - 12시까지는 보고서를 써서 마쳐라.
Write the report until 12 P.M. - 지금부터 12시가 될 때까지 보고서를 계속 쓰고 12시가 되면 다 썼든 못 썼든 그만 써라.

Chapter 07 의사표시로 톡튀

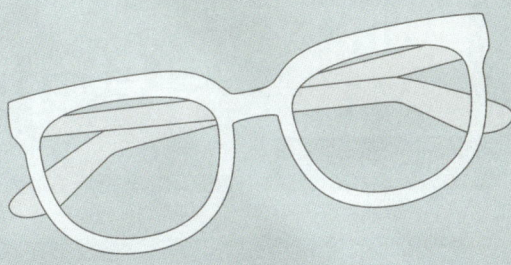

- Unit 01. 부탁   I **ask** the man to take a photo.
- Unit 02. 거절   I **refuse** to accept the man's offer.
- Unit 03. 동의   I **agree** with you on this point.
- Unit 04. 허락   I **let** her travel alone.
- Unit 05. 제안   I **suggest** we go for a walk.

Unit 01 부탁하다 ask

입에서 톡 튀어나오는
서른한 번째 단어

STEP 1 말해보기

아래 '단어가 톡튀'의 단어를 보고 학습하기 전에 한 번 말해보세요.

❶ 나는 그 남자에게 사진을 찍어 달라고 **부탁했어.**

❷ 나는 그 남자에게 사진을 찍어 달라고 **부탁해.**

❸ 나는 그 남자에게 사진을 찍어 달라고 **부탁할 거야.**

단어가 톡튀

| 사진을 찍다 | take a photo |
| 부탁하다 | ask (asked-ask-will ask) |

STEP 2 훑어보기

시제와 주어에 따라 동사의 형태가 어떻게 바뀌는지 잘 보세요.

I **asked**   the man   to take a photo.

He/She **asked**   the man   to take a photo.

나는 그 남자에게 사진을 찍어 달라고 **부탁했어.**
그는/그녀는 그 남자에게 사진을 찍어 달라고 **부탁했어.**

I **ask**   the man   to take a photo.

He/She **asks**   the man   to take a photo.

나는 그 남자에게 사진을 찍어 달라고 **부탁해.**
그는/그녀는 그 남자에게 사진을 찍어 달라고 **부탁해.**

I **will ask**   the man   to take a photo.

He/She **will ask**   the man   to take a photo.

나는 그 남자에게 사진을 찍어 달라고 **부탁할 거야.**
그는/그녀는 그 남자에게 사진을 찍어 달라고 **부탁할 거야.**

말하기가 톡튀

한국어로 '~에게 부탁하다'라고 해서 부탁하는 사람 앞에 to를 붙이면 안돼요. ask John, ask her, ask your dad처럼 to 없이 그 대상을 붙여서 말하면 돼요. 자, 여러분! 공부하다가 궁금한 게 있으면 Just ask me.

STEP 3 말하기 연습 1

앞에서부터 순서대로 본인의 귀에 들리게 읽어주세요.
한글 단어를 보면서 머릿속에서 영어 단어를 떠올려야 합니다.

I **asked**

                    그 남자에게

He/She **asked**

I **ask**

                    그 남자에게

He/She **asks**

I **will ask**

                    그 남자에게

He/She **will ask**

STEP 3 말하기 연습 2

앞에서부터 순서대로 본인의 귀에 들리게 읽어주세요.
한글 단어를 보면서 머릿속에서 영어 단어를 떠올려야 합니다.

I **asked**   the man

                                         사진을 찍어 달라고

He/She **asked**   the man

I **ask**   the man

                                         사진을 찍어 달라고

He/She **asks**   the man

I **will ask**   the man

                                         사진을 찍어 달라고

He/She **will ask**   the man

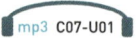

STEP 3 말하기 연습 3

앞에서부터 순서대로 본인의 귀에 들리게 읽어주세요.
입에 익을 때까지 말해보세요.

I **asked**	the man	to take a photo.
He/She **asked**	the man	to take a photo.
I **ask**	the man	to take a photo.
He/She **asks**	the man	to take a photo.
I **will ask**	the man	to take a photo.
He/She **will ask**	the man	to take a photo.

STEP 4   실전 말하기

누가 무엇을 하는지(주어+동사)가 순간 톡 튀어나와야 합니다.
아래 한글 문장을 하나씩 확인 후, 보지 말고 머릿속에서 영어로 말해보세요.

나는 그 남자에게 사진을 찍어 달라고 **부탁했어**.

그는/그녀는 그 남자에게 사진을 찍어 달라고 **부탁했어**.

나는 그 남자에게 사진을 찍어 달라고 **부탁해**.

그는/그녀는 그 남자에게 사진을 찍어 달라고 **부탁해**.

나는 그 남자에게 사진을 찍어 달라고 **부탁할 거야**.

그는/그녀는 그 남자에게 사진을 찍어 달라고 **부탁할 거야**.

아는 척 톡튀

여러분은 부탁할 때 뭐라고 말하면서 부탁하나요? 보통 '부탁 하나 해도 될까요?' 또는 '부탁이 하나 있는데요.'라고 정중하게 부탁이 있다고 먼저 얘길 하겠죠? '부탁'이라는 뜻의 favor를 사용하여 Can I ask you a favor? 또는 I have a favor to ask.라고 해요.

Unit 02 거절하다 refuse

입에서 톡 튀어나오는
서른두 번째 단어

STEP 1 말해보기

아래 '단어가 톡튀'의 단어를 보고 학습하기 전에 한 번 말해보세요.

❶ 나는 그 남자의 제안을 받아들이기를 **거절했어.**

❷ 나는 그 남자의 제안을 받아들이기를 **거절해.**

❸ 나는 그 남자의 제안을 받아들이기를 **거절할 거야.**

단어가 톡튀

제안	offer
받아들이다	accept
거절하다	refuse (refused-refuse-will refuse)

STEP 2 훑어보기

시제와 주어에 따라 동사의 형태가 어떻게 바뀌는지 잘 보세요.

I **refused**   to accept   the man's offer.

He/She **refused**   to accept   the man's offer.

나는 그 남자의 제안을 받아들이기를 **거절했어**.
그는/그녀는 그 남자의 제안을 받아들이기를 **거절했어**.

I **refuse**   to accept   the man's offer.

He/She **refuses**   to accept   the man's offer.

나는 그 남자의 제안을 받아들이기를 **거절해**.
그는/그녀는 그 남자의 제안을 받아들이기를 **거절해**.

I **will refuse**   to accept   the man's offer.

He/She **will refuse**   to accept   the man's offer.

나는 그 남자의 제안을 받아들이기를 **거절할 거야**.
그는/그녀는 그 남자의 제안을 받아들이기를 **거절할 거야**.

말하기가 톡톡

'~하기를 거절하다'라는 뜻으로 말할 때는 [refuse to+동사]의 형태를 써요. 하지만 '~를 거절하다'라는 의미로 말할 때는 바로 명사가 올 수도 있어요. 그래서 간단히 I refused the man's offer.라고 말해도 돼요.

STEP 3 말하기 연습 1

앞에서부터 순서대로 본인의 귀에 들리게 읽어주세요.
한글 단어를 보면서 머릿속에서 영어 단어를 떠올려야 합니다.

I **refused**

받아들이기를

He/She **refused**

I **refuse**

받아들이기를

He/She **refuses**

I **will refuse**

받아들이기를

He/She **will refuse**

STEP 3 말하기 연습 2

앞에서부터 순서대로 본인의 귀에 들리게 읽어주세요.
한글 단어를 보면서 머릿속에서 영어 단어를 떠올려야 합니다.

I **refused**　　　　to accept

　　　　　　　　　　　　　　　그 남자의 제안을

He/She **refused**　　to accept

I **refuse**　　　　　to accept

　　　　　　　　　　　　　　　그 남자의 제안을

He/She **refuses**　　to accept

I **will refuse**　　　to accept

　　　　　　　　　　　　　　　그 남자의 제안을

He/She **will refuse**　to accept

STEP 3 말하기 연습 3

앞에서부터 순서대로 본인의 귀에 들리게 읽어주세요.
입에 익을 때까지 말해보세요.

I **refused**	to accept	the man's offer.
He/She **refused**	to accept	the man's offer.
I **refuse**	to accept	the man's offer.
He/She **refuses**	to accept	the man's offer.
I **will refuse**	to accept	the man's offer.
He/She **will refuse**	to accept	the man's offer.

STEP 4 실전 말하기

누가 무엇을 하는지(주어+동사)가 순간 톡 튀어나와야 합니다.
아래 한글 문장을 하나씩 확인 후, 보지 말고 머릿속에서 영어로 말해보세요.

나는 그 남자의 제안을 받아들이기를 **거절했어**.

그는/그녀는 그 남자의 제안을 받아들이기를 **거절했어**.

나는 그 남자의 제안을 받아들이기를 **거절해**.

그는/그녀는 그 남자의 제안을 받아들이기를 **거절해**.

나는 그 남자의 제안을 받아들이기를 **거절할 거야**.

그는/그녀는 그 남자의 제안을 받아들이기를 **거절할 거야**.

아는 척 톡튀

제안, 요청, 초대 등을 '거절하다'라는 의미로 일상생활에서 많이 쓰이는 말이 turn down이에요. I turned down her invitation. '나는 그녀의 초대를 거절했어.', He proposed to me, but I turned him down. '그가 나한테 프러포즈했는데 내가 거절했어.'라는 뜻이에요. 요즘엔 열 번까지 찍다간 스토커로 범죄자가 될 수도 있으니 남자분들 조심해서 구애하셔야 할 듯!

Unit 03 동의하다 agree

입에서 톡 튀어나오는
서른세 번째 단어

STEP 1 말해보기

아래 '단어가 톡튀'의 단어를 보고 학습하기 전에 한 번 말해보세요.

❶ 나는 그것에 대해 너에게 **동의했어.**

❷ 나는 이 점에 대해 너에게 **동의해.**

❸ 나는 그 문제에 대해 너에게 **동의할 거야.**

단어가 톡튀

의견, 요점	point
문제, 이슈	issue
동의하다	agree (agreed-agree-will agree)

STEP 2 훑어보기

시제와 주어에 따라 동사의 형태가 어떻게 바뀌는지 잘 보세요.

I **agreed**   with you   on that.

He/She **agreed**   with you   on that.

나는 그것에 대해 너에게 **동의했어**.
그는/그녀는 그것에 대해 너에게 **동의했어**.

I **agree**   with you   on this point.

He/She **agrees**   with you   on this point.

나는 이 점에 대해 너에게 **동의해**.
그는/그녀는 이 점에 대해 너에게 **동의해**.

I **will agree**   with you   on the issue.

He/She **will agree** with you   on the issue.

나는 그 문제에 대해 너에게 **동의할 거야**.
그는/그녀는 그 문제에 대해 너에게 **동의할 거야**.

말하기가 톡튀

동의하는 사람이 있는 반면 동의하지 않는 사람도 있겠죠. '동의하지 않다'는 부정을 뜻하는 dis를 붙여 disagree라고 해요. 그래서 I disagree with you on that. 이라고 하거나, disagree란 단어가 어렵다면 그냥 부정문으로 I don't agree with you on that.이라고 하면 돼요.

STEP 3 말하기 연습 1

앞에서부터 순서대로 본인의 귀에 들리게 읽어주세요.
한글 단어를 보면서 머릿속에서 영어 단어를 떠올려야 합니다.

I **agreed**

너에게

He/She **agreed**

I **agree**

너에게

He/She **agrees**

I **will agree**

너에게

He/She **will agree**

STEP 3 말하기 연습 2

앞에서부터 순서대로 본인의 귀에 들리게 읽어주세요.
한글 단어를 보면서 머릿속에서 영어 단어를 떠올려야 합니다.

I **agreed**   with you

                                                              그것에 대해

He/She **agreed**   with you

I **agree**   with you

                                                              이 점에 대해

He/She **agrees**   with you

I **will agree**   with you

                                                              그 문제에 대해

He/She **will agree**   with you

STEP 3　말하기 연습 3

앞에서부터 순서대로 본인의 귀에 들리게 읽어주세요.
입에 익을 때까지 말해보세요.

I **agreed**	with you	on that.
He/She **agreed**	with you	on that.
I **agree**	with you	on this point.
He/She **agrees**	with you	on this point.
I **will agree**	with you	on the issue.
He/She **will agree**	with you	on the issue.

STEP 4 실전 말하기

누가 무엇을 하는지(주어+동사)가 순간 톡 튀어나와야 합니다.
아래 한글 문장을 하나씩 확인 후, 보지 말고 머릿속에서 영어로 말해보세요.

나는 그것에 대해 너에게 **동의했어**.

그는/그녀는 그것에 대해 너에게 **동의했어**.

나는 이 점에 대해 너에게 **동의해**.

그는/그녀는 이 점에 대해 너에게 **동의해**.

나는 그 문제에 대해 너에게 **동의할 거야**.

그는/그녀는 그 문제에 대해 너에게 **동의할 거야**.

아는 척 톡튀

음식 중에는 자신의 몸에 잘 받는 것과 받지 않는 것이 있죠. 그럴 때 agree with 를 사용하여 의미를 전달할 수 있어요. 특히 특정 음식이 잘 받지 않을 때, I like fruits, but canned fruits don't agree with me. '나는 과일을 좋아해, 하지만 통조림 과일은 잘 안 받아.'라고 말할 수 있어요. 캔 음식이 편하긴 하지만 맛이나 영양 면에서 당연히 신선한 음식보다는 떨어지겠죠.

Unit 04 허락하다 let

입에서 톡 튀어나오는 서른세 번째 단어

STEP 1 말해보기

아래 '단어가 톡튀'의 단어를 보고 학습하기 전에 한 번 말해보세요.

❶ 나는 그녀가 파티에 가게 **허락해 줬어.**

❷ 나는 그녀가 혼자 여행하게 **허락해 줘.**

❸ 나는 그녀가 새 핸드백을 사게 **허락해 줄 거야.**

단어가 톡튀

파티	party
여행하다	travel
혼자	alone
핸드백	handbag
허락하다, 놓아두다	let (let-let-will let)

STEP 2 훑어보기

시제와 주어에 따라 동사의 형태가 어떻게 바뀌는지 잘 보세요.

| I **let** | her | go to the party. |
| He/She **let** | me | go to the party. |

나는 그녀가 파티에 가게 **허락해 줬어.**
그는/그녀는 내가 파티에 가게 **허락해 줬어.**

| I **let** | her | travel alone. |
| He/She **lets** | me | travel alone. |

나는 그녀가 혼자 여행하게 **허락해 줘.**
그는/그녀는 내가 혼자 여행하게 **허락해 줘.**

| I **will let** | her | buy a new handbag. |
| He/She **will let** | me | buy a new handbag. |

나는 그녀가 새 핸드백을 사게 **허락해 줄 거야.**
그는/그녀는 내가 새 핸드백을 사게 **허락해 줄 거야.**

말하기가 톡튀

let은 어느 시제이든 형태가 변하지 않고, her, me 등 목적어 다음에 go, travel, buy 등 동사원형을 쓰니 어떤 형태를 써야 할지 머리를 한 번 더 굴리지 않아도 돼요. Let's는 Let us가 줄여진 말로 '~하자'라는 뜻이에요. Let's go to the party.라고 하면 '우리 파티에 가자.'라는 말이 되겠죠?

STEP 3 말하기 연습 1

앞에서부터 순서대로 본인의 귀에 들리게 읽어주세요.
한글 단어를 보면서 머릿속에서 영어 단어를 떠올려야 합니다.

I let　　　　　　　　　　그녀가

He/She let　　　　　　　내가

I let　　　　　　　　　　그녀가

He/She lets　　　　　　　내가

I will let　　　　　　　　그녀가

He/She will let　　　　　내가

STEP 3 말하기 연습 2

앞에서부터 순서대로 본인의 귀에 들리게 읽어주세요.
한글 단어를 보면서 머릿속에서 영어 단어를 떠올려야 합니다.

I let   her

                                         파티에 가게

He/She let   me

I let   her

                                         혼자 여행하게

He/She lets   me

I will let   her

                                         핸드백을 사게

He/She will let   me

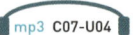

STEP 3 말하기 연습 3

앞에서부터 순서대로 본인의 귀에 들리게 읽어주세요.
입에 익을 때까지 말해보세요.

| I **let** | her | go to the party. |
| He/She **let** | me | go to the party. |

| I **let** | her | travel alone. |
| He/She **lets** | me | travel alone. |

| I **will let** | her | buy a new handbag. |
| He/She **will let** | me | buy a new handbag. |

STEP 4　실전 말하기

누가 무엇을 하는지(주어+동사)가 순간 톡 튀어나와야 합니다.
아래 한글 문장을 하나씩 확인 후, 보지 말고 머릿속에서 영어로 말해보세요.

나는 그녀가 파티에 가게 **허락해 줬어**.

그는/그녀는 내가 파티에 가게 **허락해 줬어**.

나는 그녀가 혼자 여행하게 **허락해 줘**.

그는/그녀는 내가 혼자 여행하게 **허락해 줘**.

나는 그녀가 새 핸드백을 사게 **허락해 줄 거야**.

그는/그녀는 내가 새 핸드백을 사게 **허락해 줄 거야**.

아는 척 톡튀

허락을 표현할 때 allow, permit이란 단어도 많이 쓰는데 let과 달리 두 동사는 목적어 뒤에 오는 동사에 to를 붙여요. He allowed me to go to the party.처럼요. 이것을 me의 입장에서 다시 말하면 I am allowed to go to the party.가 돼요. 하지만 let은 이와 같이 바꿔서 말할 수 없으니 내 입장에서 말하고 싶을 때는 let 대신 allow나 permit을 사용하세요.

Unit 05 제안하다 suggest

입에서 톡 튀어나오는
서른다섯 번째 단어

STEP 1 말해보기

아래 '단어가 톡튀'의 단어를 보고 학습하기 전에 한 번 말해보세요.

❶ 나는 우리가 산책하러 갈 것을 **제안했어.**

❷ 나는 우리가 산책하러 갈 것을 **제안해.**

❸ 나는 우리가 산책하러 갈 것을 **제안할 거야.**

단어가 톡튀

| 산책하러 가다 | go for a walk |
| 제안하다 | suggest (suggested-suggest-will suggest) |

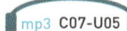

STEP 2 훑어보기

시제와 주어에 따라 동사의 형태가 어떻게 바뀌는지 잘 보세요.

I **suggested**　　　　we　　　　go for a walk.

He/She **suggested**　　we　　　　go for a walk.

나는 우리가 산책하러 갈 것을 제안했어.
그는/그녀는 우리가 산책하러 갈 것을 제안했어.

I **suggest**　　　　　we　　　　go for a walk.

He/She **suggests**　　　we　　　　go for a walk.

나는 우리가 산책하러 갈 것을 제안해.
그는/그녀는 우리가 산책하러 갈 것을 제안해.

I **will suggest**　　　we　　　　go for a walk.

He/She **will suggest**　　we　　　go for a walk.

나는 우리가 산책하러 갈 것을 제안할 거야.
그는/그녀는 우리가 산책하러 갈 것을 제안할 거야.

말하기가 톡톡

'제안하다'라는 의미로 쓰여서 suggest 뒤에 주어, 동사가 있는 절이 오면 그 동사는 원형 그대로를 써요. 그래서 I suggested he go to see a doctor.라고 말할 수 있어요.

STEP 3 　말하기 연습 1

앞에서부터 순서대로 본인의 귀에 들리게 읽어주세요.
한글 단어를 보면서 머릿속에서 영어 단어를 떠올려야 합니다.

I **suggested**

　　　　　　　　우리가

He/She **suggested**

I **suggest**

　　　　　　　　우리가

He/She **suggests**

I **will suggest**

　　　　　　　　우리가

He/She **will suggest**

STEP 3 말하기 연습 2

앞에서부터 순서대로 본인의 귀에 들리게 읽어주세요.
한글 단어를 보면서 머릿속에서 영어 단어를 떠올려야 합니다.

I **suggested**　　　　　we

　　　　　　　　　　　　　　　　산책하러 갈 것을

He/She **suggested**　　we

I **suggest**　　　　　　we

　　　　　　　　　　　　　　　　산책하러 갈 것을

He/She **suggests**　　　we

I **will suggest**　　　　we

　　　　　　　　　　　　　　　　산책하러 갈 것을

He/She **will suggest**　we

Chapter 07. 의사표시로 톡튀

STEP 3 말하기 연습 3

앞에서부터 순서대로 본인의 귀에 들리게 읽어주세요.
입에 익을 때까지 말해보세요.

I **suggested**	we	go for a walk.
He/She **suggested**	we	go for a walk.
I **suggest**	we	go for a walk.
He/She **suggests**	we	go for a walk.
I **will suggest**	we	go for a walk.
He/She **will suggest**	we	go for a walk.

STEP 4　실전 말하기

누가 무엇을 하는지(주어+동사)가 순간 톡 튀어나와야 합니다.
아래 한글 문장을 하나씩 확인 후, 보지 말고 머릿속에서 영어로 말해보세요.

나는 우리가 산책하러 갈 것을 **제안했어**.

그는/그녀는 우리가 산책하러 갈 것을 **제안했어**.

나는 우리가 산책하러 갈 것을 **제안해**.

그는/그녀는 우리가 산책하러 갈 것을 **제안해**.

나는 우리가 산책하러 갈 것을 **제안할 거야**.

그는/그녀는 우리가 산책하러 갈 것을 **제안할 거야**.

아는 척 톡튀

제안할 때 많이 쓰는 말이 Let's~나 How about~이죠. 그래서 산책하러 가자고 제안한다면 Let's go for a walk.나 How about going for a walk?라고 말하면 돼요.

Chapter 08 여행하며 톡튀

Unit 01.	환전하기	Can you **exchange** dollars for pounds?
Unit 02.	기념품 사기	Do you **have** a smaller one?
Unit 03.	길묻기	Do you **know** where the bus stop is?
Unit 04.	교통편 묻기	Does this train **go** to 42nd Street?
Unit 05.	표 구입하기	Can I **get** tickets for two adults and one child?

입에서 톡 튀어나오는
서른여섯 번째 단어

Unit 01 환전하다 exchange

STEP 1 말해보기

 아래 '단어가 톡튀'의 단어를 보고 학습하기 전에 한 번 말해보세요.

❶ 달러를 유로로 **환전해** 주실래요?

❷ 달러를 파운드로 **환전해** 주실래요?

❸ 달러를 위안으로 **환전해** 주실래요?

단어가 톡튀

달러 (미국의 화폐 단위)	dollar
유로 (유럽 연합의 화폐 단위)	euro
파운드 (영국의 화폐 단위)	pound
위안 (중국의 화폐 단위)	yuan
환전하다	exchange
	(exchanged-exchange-will exchange)

STEP 2 훑어보기

문두의 동사 다음에 이어지는 말을 어떻게 활용하는지 잘 보세요.

Can you **exchange**　　　dollars　　　for euros?

달러를 유로로 **환전해** 주실래요?

Can you **exchange**　　　dollars　　　for pounds?

달러를 파운드로 **환전해** 주실래요?

Can you **exchange**　　　dollars　　　for yuan?

달러를 위안으로 **환전해** 주실래요?

말하기가 톡튀

여행을 다니다 보면 환전할 일이 가끔 생기죠. 환전 창구에서는 보통 돈을 내밀면서 얘기하니까 Can you exchange **this** for euros?라고 말해도 돼요. 그런데 환전하고자 하는 돈이 원화라면 원화를 취급하는지 물어봐야 합니다. 여행지에 따라 취급하지 않을 수도 있으니까요. Do you accept Korean won? '한국 돈 받아요?'라고 말하면 돼요.

STEP 3 말하기 연습 1

앞에서부터 순서대로 본인의 귀에 들리게 읽어주세요.
한글 단어를 보면서 머릿속에서 영어 단어를 떠올려야 합니다.

Can you **exchange**   달러를

Can you **exchange**   달러를

Can you **exchange**   달러를

STEP 3 말하기 연습 2

앞에서부터 순서대로 본인의 귀에 들리게 읽어주세요.
한글 단어를 보면서 머릿속에서 영어 단어를 떠올려야 합니다.

Can you **exchange**   dollars   유로로

Can you **exchange**   dollars   파운드로

Can you **exchange**   dollars   위안으로

STEP 3　말하기 연습 3

앞에서부터 순서대로 본인의 귀에 들리게 읽어주세요.
입에 익을 때까지 말해보세요.

Can you **exchange** dollars for euros?

Can you **exchange** dollars for pounds?

Can you **exchange** dollars for yuan?

STEP 4 실전 말하기

조동사 can, do에 유의하여 주어+동사가 순간 톡 튀어나와야 합니다. 아래 한글 문장을 하나씩 확인 후, 보지 말고 머릿속에서 영어로 말해보세요.

달러를 유로로 **환전해** 주실래요?

달러를 파운드로 **환전해** 주실래요?

달러를 위안으로 **환전해** 주실래요?

아는 척 톡튀

환전할 때는 큰 돈으로만 받으면 불편하니까 원하는 화폐 종류를 알려주면 좋겠죠. 만약 200달러를 유로로 환전할 경우 176유로 정도 된다고 하면, 20유로짜리 6장, 10유로짜리 4장, 나머지는 1유로짜리면 되겠네요. 최소 단위 지폐는 항상 충분히 갖고 있는 게 좋거든요. 그래서 Six twenties, four tens, and the rest in ones, please.라고 하면 돼요. 20, 10, 1유로짜리 지폐가 여러 장씩이니까 twenty, ten, one에 s를 붙여주세요.

Unit 02

입에서 톡 튀어나오는
서른일곱 번째 단어

(가지고) 있다 have

STEP 1 말해보기

아래 '단어가 톡튀'의 단어를 보고 학습하기 전에 한 번 말해보세요.

❶ 이것 빨간색으로 **있나요**?

❷ 더 작은 것이 **있나요**?

❸ 다른 종류가 **있나요**?

단어가 톡튀

빨간색으로	in red
더 작은	smaller
다른	different
종류	kind
가지다	have

STEP 2 훑어보기

문두의 동사 다음에 이어지는 말을 어떻게 활용하는지 잘 보세요.

Do you **have**　　this　　　　in red?

이거 빨간색으로 **있나요**?

Do you **have**　　a smaller　one?

더 작은 것이 **있나요**?

Do you **have**　　a different　kind?

다른 종류가 **있나요**?

 말하기가 톡퉈

'더 큰 것이 있나요?'라고 하면 smaller 대신에 bigger를 써서 Do you have a bigger one?이라고 하면 돼요. 무엇을 살지 알고 있어서 '~을 찾고 있는데요'라고 말한다면 I'm looking for~라는 표현을 쓰면 돼요. 혹은 무엇을 살지는 몰라도 누구에게 줄 것인지 생각하고 있다면, I'm looking for something for my mom. 처럼 '엄마에게 줄 뭔가를 찾고 있어요.'라고 할 수 있어요.

STEP 3 말하기 연습 1

앞에서부터 순서대로 본인의 귀에 들리게 읽어주세요.
한글 단어를 보면서 머릿속에서 영어 단어를 떠올려야 합니다.

Do you **have**   이것

Do you **have**   더 작은

Do you **have**   다른

STEP 3 말하기 연습 2

앞에서부터 순서대로 본인의 귀에 들리게 읽어주세요.
한글 단어를 보면서 머릿속에서 영어 단어를 떠올려야 합니다.

Do you **have**   this   빨간색으로

Do you **have**   a smaller   것이

Do you **have**   a different   종류가

STEP 3 말하기 연습 3

앞에서부터 순서대로 본인의 귀에 들리게 읽어주세요.
입에 익을 때까지 말해보세요.

Do you **have** this in red?

Do you **have** a smaller one?

Do you **have** a different kind?

STEP 4 실전 말하기

조동사 can, do에 유의하여 주어+동사가 순간 톡 튀어나와야 합니다. 아래 한글 문장을 하나씩 확인 후, 보지 말고 머릿속에서 영어로 말해보세요.

이것 빨간색으로 **있나요**?

더 작은 것이 **있나요**?

다른 종류가 **있나요**?

아는 척 톡튀

기념품은 souvenir [suːvənɪr]라고 하고 '수버**니어**'처럼 발음해요. 여행을 가면 가족이나 친구의 기념품을 사는 게 여간 힘든 게 아니죠. 가장 흔한 게 냉장고용 자석(fridge magnet)이나 머그잔(mug), 작은 조각상 (figurine)같은 것들일 텐데요. 부피가 많이 나가지 않는, 비싸지도 싸지도 않은 최적의 기념품은 마음이 아닐까요? ㅋㅋㅋ

 **Unit 03**

입에서 톡 튀어나오는
서른여덟 번째 단어

STEP 1 말해보기

 아래 '단어가 톡튀'의 단어를 보고 학습하기 전에 한 번 말해보세요.

❶ 매표소가 어디에 있는지 **아세요**?

❷ 버스 정류장이 어디에 있는지 **아세요**?

❸ 화장실이 어디에 있는지 **아세요**?

단어가 톡튀

매표소	ticket office
버스 정류장	bus stop
화장실	restroom
알다	know

250 영어가 톡 튀어나오는 영어회화

STEP 2 훑어보기

문두의 동사 다음에 이어지는 말을 어떻게 활용하는지 잘 보세요.

Do you **know**　　where　　the ticket office is?

매표소가 어디 있는지 **아세요**?

Do you **know**　　where　　the bus stop is?

버스 정류장이 어디 있는지 **아세요**?

Do you **know**　　where　　the restroom is?

화장실이 어디 있는지 **아세요**?

말하기가 톡튀

Do you know where~는 길을 물을 때 흔히 사용하는 표현이에요. where 다음에는 주어와 동사를 순서대로 써서 무엇이 어디에 있는지를 말하면 돼요. Where is it?이라는 말은 쉽게 할 수 있을 거예요. 그런데 여기에 Do you know를 붙이면 순서가 살짝 헷갈릴 수가 있죠. 한번 말해보세요.
Do you know where it is? 한 번 더요. Do you know where it is? 이젠 모르는 길도 잘 물어서 찾아갈 수 있을 거예요.

STEP 3 말하기 연습 1

앞에서부터 순서대로 본인의 귀에 들리게 읽어주세요.
한글 단어를 보면서 머릿속에서 영어 단어를 떠올려야 합니다.

Do you know   어디에

Do you know   어디에

Do you know   어디에

STEP 3　말하기 연습 2

앞에서부터 순서대로 본인의 귀에 들리게 읽어주세요.
한글 단어를 보면서 머릿속에서 영어 단어를 떠올려야 합니다.

Do you **know**　　　where　　　　매표소가 있는지

Do you **know**　　　where　　　　버스 정류장이 있는지

Do you **know**　　　where　　　　화장실이 있는지

STEP 3 말하기 연습 3

앞에서부터 순서대로 본인의 귀에 들리게 읽어주세요.
입에 익을 때까지 말해보세요.

Do you **know**   where   the ticket office is?

Do you **know**   where   the bus stop is?

Do you **know**   where   the restroom is?

STEP 4 실전 말하기

조동사 can, do에 유의하여 주어+동사가 순간 톡 튀어나와야 합니다. 아래 한글 문장을 하나씩 확인 후, 보지 말고 머릿속에서 영어로 말해보세요.

매표소가 어디 있는지 **아세요**?

버스 정류장이 어디 있는지 **아세요**?

화장실이 어디 있는지 **아세요**?

아는 척 톡튀

무엇이 어디에 있는지가 아니라 만약 어떻게 갈지를 묻는다면 how를 써요. Do you know how I can get to Times Square? 그런데 말이 길어서 어렵다면 Do you know를 빼는 대신 Excuse me를 붙여주세요. 대뜸 말을 걸면 '얘는 뭐지?' 이런 반응이 올 수 있으니, 그래서 Excuse me, how can I get to Times Square?라고 말해 보세요.

Chapter 08. 여행하며 톡튀

Unit 04 가다 go

입에서 톡 튀어나오는
서른아홉 번째 단어

STEP 1 말해보기

아래 '단어가 톡튀'의 단어를 보고 학습하기 전에 한 번 말해보세요.

❶ 이 열차가 버스 터미널로 **가나요**?

❷ 이 열차가 42번가로 **가나요**?

❸ 이 열차가 공항으로 **가나요**?

단어가 톡튀

버스 터미널	bus terminal
42번가	42nd Street
공항	airport
가다	go

STEP 2 훑어보기

문두의 동사 다음에 이어지는 말을 어떻게 활용하는지 잘 보세요.

Does this train **go**   to   the bus terminal?

이 열차가 버스 터미널로 **가나요**?

Does this train **go**   to   42nd Street?

이 열차가 42번가로 **가나요**?

Does this train **go**   to   the airport?

이 열차가 공항으로 **가나요**?

말하기가 톡튀

여행지에서 버스나 지하철을 탈 때 한 번쯤은 행선지를 확인해보게 되죠. 전철이든 버스든 그냥 '이거 ~로 가나요?'라고 해서 Does this go to 42nd Street?이라고 물어볼 수 있어요. 만약 버스 운전사에게 묻는 것이라면 Do you go to 42nd Street?이라고 말해도 돼요.

STEP 3 말하기 연습 1

앞에서부터 순서대로 본인의 귀에 들리게 읽어주세요.
한글 단어를 보면서 머릿속에서 영어 단어를 떠올려야 합니다.

Does this train **go**　　　으로

Does this train **go**　　　으로

Does this train **go**　　　으로

STEP 3 말하기 연습 2

앞에서부터 순서대로 본인의 귀에 들리게 읽어주세요.
한글 단어를 보면서 머릿속에서 영어 단어를 떠올려야 합니다.

Does this train **go**   to   버스 터미널

Does this train **go**   to   42번가

Does this train **go**   to   공항

STEP 3 말하기 연습 3

앞에서부터 순서대로 본인의 귀에 들리게 읽어주세요.
입에 익을 때까지 말해보세요.

Does this train **go**   to   the bus terminal?

Does this train **go**   to   42nd Street?

Does this train **go**   to   the airport?

STEP 4 실전 말하기

조동사 can, do에 유의하여 주어+동사가 순간 톡 튀어나와야 합니다. 아래 한글 문장을 하나씩 확인 후, 보지 말고 머릿속에서 영어로 말해보세요.

이 열차가 버스 터미널로 **가나요**?

이 열차가 42번가로 **가나요**?

이 열차가 공항으로 **가나요**?

아는 척 톡튀

'환승하다'라는 말은 transfer예요. 버스든 지하철이든 보통 한 번쯤은 환승이 가능한데요. Transfer to number 9.이라고 했다면 '9번으로 환승하세요.'라는 말이에요. 그리고 정류장은 stop이라고 해요. 대략 목적지까지 몇 정류장인지 궁금하다면 How many stops is it to downtown?처럼 목적지를 넣어서 물어보면 돼요.

Unit 05 사다, 받다 get

입에서 톡 튀어나오는
마흔 번째 단어

STEP 1 말해보기

 아래 '단어가 톡튀'의 단어를 보고 학습하기 전에 한 번 말해보세요.

❶ 이거 영수증 **주시겠어요**?

❷ 어른 둘하고 어린이 하나 표 **주시겠어요**?

❸ 커피 둘하고 콜라 둘 **주시겠어요**?

단어가 톡튀

영수증	receipt
어른, 성인	adult
어린이	child (children 어린이들)
콜라	coke

STEP 2 훑어보기

문두의 동사 다음에 이어지는 말을 어떻게 활용하는지 잘 보세요.

Can I get a receipt for this?

이거 영수증 **주시겠어요?**

Can I get tickets for two adults and one child?

어른 둘하고 어린이 하나 표 **주시겠어요?**

Can I get two coffees and two cokes?

커피 둘하고 콜라 둘 **주시겠어요?**

말하기가 톡튀

get은 짧은 단어이지만 의미가 여러 가지이면서 영어에서 가장 많이 쓰이는 단어 중 하나예요. Can I get~?의 형태는 입에 닿도록 연습해서 입에서 바로 톡! 튀어 나올 수 있어야 해요. 그리고 과거형 got도 꼭 알아두세요. got을 써서 위 문장 중 하나를 바꿔보면 I got a receipt for this.와 같이 말할 수 있어요.

Chapter 08. 여행하며 톡튀

STEP 3 말하기 연습 1

앞에서부터 순서대로 본인의 귀에 들리게 읽어주세요.
한글 단어를 보면서 머릿속에서 영어 단어를 떠올려야 합니다.

Can I get   영수증

Can I get   표

Can I get   커피 둘

STEP 3 말하기 연습 2

앞에서부터 순서대로 본인의 귀에 들리게 읽어주세요.
한글 단어를 보면서 머릿속에서 영어 단어를 떠올려야 합니다.

| Can I **get** | a receipt | 이것의 |

| Can I **get** | tickets | 어른 둘하고 어린이 하나의 |

| Can I **get** | two coffees | 그리고 콜라 둘 |

STEP 3　말하기 연습 3

앞에서부터 순서대로 본인의 귀에 들리게 읽어주세요.
입에 익을 때까지 말해보세요.

Can I **get**　a receipt　for this?

Can I **get**　tickets　for two adults and one child?

Can I **get**　two coffees　and two cokes?

STEP 4 　 실전 말하기

조동사 can, do에 유의하여 주어+동사가 순간 톡 튀어나와야 합니다. 아래 한글 문장을 하나씩 확인 후, 보지 말고 머릿속에서 영어로 말해보세요.

이거 영수증 **주시겠어요?**

어른 둘하고 어린이 하나 표 **주시겠어요?**

커피 둘하고 콜라 둘 **주시겠어요?**

아는 척 톡튀

'그거 샀어?', '그거 받았어?, 그거 구했어?'라는 말은 Did you get it?이에요. 대답이 긍정이면 과거니까 I got it.이라고 말하면 되겠죠. get은 '이해하다'라는 의미도 있어서 Did you get it?은 '이해했어?'라는 뜻도 돼요. 그럼 답변은 Yes, I got it.이나 No, I didn't get it.으로 하면 되겠죠.

MEMO

혜지원의
영어책들

초보탈출
영어회화

■ Jin Kim 지음/216쪽/10,000원

반복해서 따라 해보자! 저절로 패턴에 익숙해지고 말문이 터진다!

영어 초보자를 위한 초급 영어회화 도서입니다. 말하기에 기본이 되는 필수 문법을 학습하고, 한 번 익혀두면 문장을 술술 만들어낼 수 있는 필수 패턴과 응용 패턴으로 영어회화를 쉽게 학습하도록 구성했습니다.

영화 보고 원서 읽는
기초 영단어 700

■ 오석태 지음/320쪽/13,000원

영단어의 정확한 쓰임을 영화·원서로 확실히 익히자!

문장의 의미를 풍요롭게 만들고, 문장에 가장 절실한 감정을 불어넣어주는 단어를 제시합니다. 그 어휘들이 사용되는 문장들은 일상생활 속에서 흔히 접할 수 있는 예문들로, 영화 속 대사와 미국과 영국의 소설 속에서 발췌한 예문을 방대하게 실었습니다. 이 책으로 영어 실력을 단계적으로 업그레이드하는 경험을 할 수 있습니다.

- THE END -